学习提高技能，
阅读改变人生！

快速阅读

刷屏时代如何做到一年读 300 本书

石伟华 著

中国纺织出版社有限公司

内 容 提 要

刷屏时代，注意力和时间成为稀缺资源。在付诸行动于"世界这么大，我想去看看"的同时，"读书破万卷"的目标似乎更加难以达成了。为了实现一年阅读300本书的壮举，你需要快速阅读，这是一种可以让你2小时看完一本书的高效读书方法。本书作者石伟华在快读阅读行业从业超10年，阅读量超过2000本。在书中，他介绍了影像阅读、眼动速读、结构化速读和三遍阅读法，让你真正掌握快速、有效、实用的快速读书技术。相信你只要按照书中提点的方法进行一段时间的练习，读书速度就能得到显著的提升。速读方法的练习，越早学习，进步越快，现在就开始实现你一年阅读300本书的目标吧！

图书在版编目（CIP）数据

快速阅读：刷屏时代如何做到一年读300本书 ／ 石伟华著. --北京：中国纺织出版社有限公司，2022.4
ISBN 978-7-5180-2559-6

Ⅰ．①快… Ⅱ．①石… Ⅲ．①读书方法 Ⅳ.
①G792

中国版本图书馆CIP数据核字（2021）第279219号

责任编辑：郝珊珊　　责任校对：高　涵　　责任印制：储志伟

中国纺织出版社有限公司出版发行
地址：北京市朝阳区百子湾东里A407号楼　邮政编码：100124
销售电话：010—67004422　传真：010—87155801
http://www.c-textilep.com
中国纺织出版社天猫旗舰店
官方微博 http://weibo.com/2119887771
北京通天印刷有限责任公司印刷　各地新华书店经销
2022年4月第1版第1次印刷
开本：710×1000　1/16　印张：12
字数：140千字　定价：49.80元

再版序

我的《快速阅读》出版后，承蒙各位读者朋友的厚爱，销量还不错，让我倍感欣慰。每次写序总觉得有很多的话想跟读者朋友们分享，却不知从何说起。我就和大家聊一聊自上一版出版以后，很多读者朋友关心的一些热点话题吧。

很多的家长朋友过来问我，学完这本书以后，是不是他们家的孩子看书就能快一些？我一般不会正面回答这个问题，而是反问家长"您平时在家看书吗？"其实在问出这个问题的时候，我心里已经有了答案。很多家长是很少看书的，或者说几乎不看书。我之所以这样问，是希望能够引起家长们的反思。

他们家孩子为什么看书慢？因为不喜欢看书嘛！为什么不喜欢看书？因为家里就没有读书的氛围嘛！如果家长能意识到这个问题，能从自我做起，养成在家读书的习惯，比学习这些方法重要很多倍。

另外，还有很多的读者在看了我的书之后，总是在纠结自己的速度为什么只有每分钟几千字，什么时候能够练成一目十行的能力。每次我都很委婉地告诉他们，不要再奢求这种能力，就把它们当一种江湖传说吧。成年人的快速阅读，一定不是字数，而是册数。你一年能读多少本书才是重点。就算速度再快，你一年读不了三五本书，速度快又有何用？！就算你速度再慢，如果一年能坚持读50本以上的书，速度慢又有何妨？！

还有很重要的一点，我从来没有说过我的快速阅读方法是世界上最科学的、最有效的。其实每隔几年都会有新的方法出来，而且不同的人，不同的书适合的方法也不一样。选择适合自己的才是最重要的。不管你是要参加考试，还是踏踏实实地一个一个知识点去学习和突破，千万不要幻想着随意快速地翻翻书就能考出好的成绩。

所以，在本书再版之际，我还是希望各位读者能够先调整自己的心态，千万不要把一本书看成是什么"祖传秘方"或者"武林秘籍"。这个世界是很公平的。任何好的方法和很厉害的能力都会分配给那些勤奋、认真、踏实的人。任何想偷懒的想法都只能让自己浪费更多的宝贵时间。

这就是这个世界的游戏规则。

希望这本书，能让你变得更加睿智！

2021.7.7

第一版　序

没有人不喜欢读书，前提是：如果能读得很快，能读得进去。

为什么只有很少一部分人能坚持读书，一年读几十本，甚至上百本；而有的人虽然也很喜欢，但只是口头上喜欢，却很少能静下心来去读，一年到头也读不了几本书？

原因很简单：读得慢，读不进去，坚持不下去，读着读着就放弃了。

于是世界上出现这样的一类书——专门教你怎么读书，教你如何更快速、高效地阅读一本书，并能够汲取书中的营养。

本书也算是这一类，但我是希望能与其他的书有些不同。

"快速阅读"大约10年前传入中国，以"一目十行""一分钟一万字"等形式吸引了很多的人眼球，有关"快速阅读"的各类培训班也在全国各地开花。但是高额的培训费往往让很多人望而却步，这也使得快速阅读蒙上了一层神秘的面纱，很多人没有机会了解快速阅读的真相。

近几年，随着全脑开发、潜能开发、思维导图课程的普及，快速阅读也衍生出好几个流派（就是好几种阅读技术），而且大家也都在"王婆卖瓜，自卖自夸"。

因此，为了让更多的读者了解快速阅读的真相，并通过阅读一本书就能掌握一种切实可行的快速阅读方法，我决心把目前国际上流行的多种快速阅读的技术归纳总结，并融入自己多年的经验，与广大读者朋友分享。

希望这本书带给大家不一样的感受。

2019.10.10

本书阅读指南

如果你是急性子，没有耐心，建议你看完第一章，直接跳到第六章。在阅读第六章的过程中遇到不懂的问题，再去查询第二、三、四、五章的内容。否则，我担心你阅读到第二章或者第三章的时候就放弃本书，半途而废。

如果你是慢性子，非常有耐心，建议你从第一章开始，按顺序依次读下去。当你读到第六章的时候，就会恍然大悟。

如果你喜欢在读书的时候做笔记，我建议你从这本书开始先省省。就算你要做笔记，也建议你先把这本书通读一遍，如果觉得它真的好，再重新读一遍。读第二遍时，再把你认为重要的东西记下来也不迟。

如果你是快速阅读的老师，建议你找支红笔，一边阅读，一边批改。把这本书中的错误全用红笔标出来，最后就像阅卷老师一样给这本书打个分吧。

希望这本书能得到一个及格的分数。

祝大家阅读愉快！

目录
CONTENTS

第一章
为什么要学快速阅读

CHAPTER 1

能在同样的时间里阅读更多的内容，
这一条理由就已经足够

什么是快速阅读

简单讲，就是读书的速度比普通人快得多。

其实就这么简单，一点也不神秘。

神秘的是：

多快才叫速度快？

为什么能读得这么快？

是不是人人都能做到快速阅读？

是不是什么书都能快速阅读？

是不是学完方法了就能快速阅读？

这是我们在学习快速阅读这门技术之前必须搞清楚的几个问题。

快速阅读的起源众说纷纭，但无论它起源于美国、英国、俄国还是其他的国家，确定的一点是，这种方法于20世纪末开始流行，并在此后影响了全世界很多很多的人。到目前为止，世界各

地已经出现了与快速阅读相关的多个流派，当然与快速阅读相关
的教育品牌就更是数不胜数了。

那好了，现在我们再来看这个问题：

到底什么是快速阅读？

要想给快速阅读一个准确的定义，我们得先了解一下传统的
阅读是什么。说句很绕口的话就是："什么是不快速阅读？"或
者"什么不是快速阅读？"

我们从小学认字的时候起，就被要求读书、学习要认真，不
能"一目十行"。不对，我的标点符号使用得有问题，上面的话
应该是：

我们从小学认字的时候起，就"被要求"读书学习要认真，
"不能一目十行"。

这次对了。

现在来看，这种观念虽然不能说是错误的，但至少在某些情况
下是有一定局限性的。这种"不能一目十行"的观念就是禁锢我们
阅读速度的牢笼。

说完了我们小时候所受教育的影响，再来谈谈专业的说法。

何为专业的说法？

按照现在很多专业书籍的观点，我们把阅读分为两种：声读

和视读。

所谓**声读**，就是在阅读过程中，通过眼睛看到文字，然后发声器官读出我们看到的文字，理解在发声之后。这种方式称为声读。

所谓**视读**，就是眼睛看到文字直接传给大脑并理解文字表达的意思，省略了中间读出声和听到声音的过程。这种方式称为视读。

其实这种表达是很无趣的，我们换个比较直观的、通俗的、容易理解的说法。

所谓**声读**，就是在看书的时候，自己不读出声音就不明白书上写的是什么。有点夸张，但差不多就这意思。这样表达虽然不是特别准确，但容易理解。

而**视读**，就是眼睛扫过就能理解文字的意思。这也是快速阅读追求的一个境界，用专业的说法就是"脑内发声现象也没有了"。

好吧，似乎更难以理解了。没关系，先不去纠结这些概念。我们先来搞明白刚才的几个关于快速阅读的问题。

多快才叫速度快

目前，市场上很多关于快速阅读的宣传都是以每分钟阅读字数来衡量阅读之"快"，比如每分钟3000字、每分钟10000字等。也有人宣传每秒几页，甚至几秒就能完成一本书的阅读。

先不说这些宣传是真是假。如果真的能够达到每分钟10000字的阅读速度，那确实是很快，关键是理解率能达到多少？因为看书不是单纯为了阅读文字，更重要的是吸取书中的精华。换个说法，我们必须把作者表达的内容理解并转化成自己大脑中的概念，这才是阅读的目的。

所以，从这个角度讲，我们不能以每分钟阅读字数来衡量阅读的快慢，而应该以理解水平来衡量阅读速度的快慢。一本300页的书，当我能回忆起80%的内容时，我需要用多少时间来读？当我能回忆起50%的内容时，我又需要多少时间？达到相同理解水平用的时间越少，才说明快速阅读的效果越好。而根据实际需求，每本书需要达到的理解水平是不同的，例如课文可能需要了解到90%以上，而一本课外小说可能只需要理解

70%。

所以，多快才叫速度快？能满足自己平时阅读的需要，就是快。

标准就在自己的心里。

为什么能读得这么快

大家都没有进行过专业的快速阅读的训练，那为什么有些人看书的速度快，而有些人很慢？

我个人认为，影响阅读速度的最主要因素是心理障碍，或者说是受到从小养成的阅读习惯的影响。"读快了就理解不了原文的意思"是许多人内心的想法，而正是这一想法最终让一些人读不快。

但事实上，读快了就真的理解不了吗？

请大家与我一起来做一个实验：用最快的速度阅读下面的这段文字，能多快就多快，最好能用两三秒读完。阅读的过程中，不要求关心具体的细节，只需要能够了解这段文章的大概内容就可以。记住，**能多快就多快**。

欢迎大家择选阅读这本有关速快读阅的书，这是一本通易俗懂地介绍市面上各类快阅读速方法的书。由于本人水所平限，不敢证保书中所的有观点是正都确的，但是我

的是初衷想通这过本书让大家地真正到了解快速阅读这学
门科的真正面目，以择选一种适合己自的方式来行进快阅速
读的训练。相信大在家一年后或几年者以后，一定找能到最
最合适的自己方法，并让自己的阅速读度来越越快。

___

上面这段文字共164个字（不包括标点），不知道你用了几
秒阅读完成？2秒、3秒，还是更长时间？

就算用了5秒也没有关系，我们来算一算。

$$165 \div 5 \times 60 = 1980 字/分$$

如果你用了2秒完成阅读，那速度就是：

$$165 \div 2 \times 60 = 4950 字/分$$

算完了这两道数学题，我来反问大家一个问题，大家用2
秒或者5秒读完这段文字后，能不能理解这段文字的大体意思？

我想大部分朋友的回答是"能"。

那么，普通人一般情况下的阅读速度是多快呢？

大部分人的阅读速度是每分钟500~1000字。

现在大家明白了吧？只要你敢于加快速度去读，你的阅读速
度就能自然地提高一倍甚至更多。

其实，如果被逼到一定程度，每个人的阅读速度都是可以
提高的。

别急，这不是重点。

我们再来按之前逐字逐句阅读的方式来重新看一下刚才的这段文字。

这次大家把阅读速度尽可能地放慢，再放慢，一个字、一个字地读。

欢迎大家择选阅读这本有关速快读阅的书，这是一本通易俗懂地介绍市面上各类快阅读速方法的书。由于本人水所平限，不敢证保书中所的有观点是正都确的，但是我的是初衷想通这过本书让大家地真正到了解快速阅读这学门科的真正面目，以择选一种适合己自的方式来行进快阅速读的训练。相信大在家一年后或几年者以后，一定找能到最最合适的自己方法，并让自己的阅速读度来越越快。

不知道你是否发现了什么？什么也没发现？那说明你阅读太不认真了，再次放慢速度，拿手指头指着一个字一个字地念出来。

如果你还没有发现，就请看看下面这段文字，我把其中的关键问题都用下划线标出来了。

欢迎大家<u>择选</u>阅读这本有关<u>速快读阅</u>的书，这是一本

通易俗懂地介绍市面上各类快阅读速方法的书。由于本人
水所平限，不敢证保书中所的有观点是正都确的，但是我
的是初衷想通这过本书让大家地真正到了解快速阅读这学
门科的真正面目，以择选一种适合己自的方式来行进快阅速
读的训练。相信大在家一年后或几年者以后，一定找能到最
最合适的自己方法，并让自己的阅速读度越来越快。

大家这次发现了吧，这根本就是一篇字序混乱的文章。按照
语文老师批改作文的标准，这篇作文绝对是一篇零分作文，因为
平均10个字不到就会出现一处错误。

那问题来了：为什么错成这个样子，我们在快速阅读的时候
仍然能够很好地理解作者原本想表达的意思呢？

这就是快速阅读最核心的原理，也是我们的大脑具有的一
项能力。

这里先留个悬念，在后面的详细讲解中我会为大家慢慢
解开这个谜团。

是不是人人都能做到快速阅读

理论上是可以的。但快速阅读不适合识字量不足1000的人，比如学龄前儿童。如果刚刚开始学汉字，只能认识三五百个汉字，是很难进行快速阅读的。

所以，一般情况下，快速阅读适合8岁以上的孩子。当然有些方法对于很小的孩子也有效果，比如影像阅读，据说越小的孩子训练效果越好，但是我没有考证过此事的真假，不盲目做评价。但是我知道有个前提，就是孩子识的字必须达到一定量以后，才有可能练习快速阅读。如果孩子连1000个基本常用汉字都不认识，却非要训练快速阅读，不仅进展缓慢，还可能令孩子产生挫败感。

另外，平时习惯了声读的人在很长一段时间内很难改掉声读的阅读习惯，在快速阅读的时候速度提高相对不明显。但是经过一段时间的训练以后，速度也会有明显的提升。

在满足识字量的前提下，快速阅读的训练，年龄越小效果就越明显。35岁以后的人再来训练快速阅读，相对来说提升的速度较慢，因为受多年阅读习惯的影响太大了。但是由于年龄稍大的人逻辑思维能力更趋于成熟，所以在进行结构化阅读时的效果会更加明显。

至于何为结构化阅读，后面的章节会有详细的介绍。

在这里先明白：不同的年龄段、不同的人群应选择不同的快速阅读方式。

是不是什么书都能快速阅读

答案肯定是"不是"。

能不能读得快，与个人的知识背景和书的知识结构特点有很大的关系。

比如，一个小学生去读哲学的书，方法再好也很难进行快速阅读。因为这个年龄段的孩子对哲学内容的理解能力有限，慢读能看懂哲学的孩子就不多，何况快速阅读。

也有很多人有这样的疑问：专业的书、学校的课本能不能快速阅读？

不如将问题细化：

一个大学生去读小学生的课本，能不能快速阅读？

一个生物学博士去读初中生的生物课本，能不能快速阅读？

一个计算机专家去读一本《BASIC入门》，能不能快速阅读？

当然可以！

相反，从来没接触过计算机的程序语言，拿到一本《C语言》就想快速阅读，那是痴心妄想。一个初中生拿起一本《高等数学》指望翻几分钟就全看懂了，这也是白日做梦吧！

就算真有这样的事情发生，那也不是快速阅读的功劳，只能说明这孩子从小就有数学方面的天赋。这已经不属于快速阅读的范畴了。

所以，我们可以这样粗略地定义快速阅读所适用的书籍的类型：

对于普通的书籍，即不需要很强的逻辑推理能力就能理解的一般类阅读书籍，以及故事类、叙事类、思想理念类、生活态度类、学习方法类等书籍，大部分人是可以通过快速阅读的方法来阅读的。

对于数学类、理工类、医学类等各类专业知识书籍，我们阅读的第一本是不可能通过快速阅读的方式来进行的，但如果我们对这个专业的知识水平已经远远在这本书之上，就可以进行快速阅读。

即使如此，我们在学习一些专业知识、学科知识的时候，仍然可以借鉴一些快速阅读的方法，帮助我们在更短的时间内达到更高的学习效率和更好的学习效果。

这些内容将在后面的结构化阅读章节做详细的讲解。

是不是学完方法了就能快速阅读

答案是肯定的。

只要掌握了方法，阅读的速度就会有明显的提高。但是能提高多少，是30%还是300%，这个就要看后期的训练量了。

任何技能的提高都有3个阶段，快速阅读这项技能也不例外。

第一个阶段：理解方法的原理。

第二个阶段：自己根据方法尝试训练。

第三个阶段：内化为习惯。

读完本书，阅读速度就能提高吗？不一定。

关键是看你能不能运用本书所讲的方法。如果运用了，那么阅读速度提高30%~50%是轻而易举的事情。如果坚持运用呢？坚持用快速阅读的方法读10本书、100本书，坚持一个月、一年，甚至更长时间，那么阅读速度提高到平均每分钟3000字是非常轻松的事情。

至于能不能做到每分钟10000字？或许可以，但实际价值太小，而需要付出的努力远远超过了可以获得的价值。

如果每天能拿出1小时来看书，每天读一本，一年读三百多本，10年就可以读三千多本。这对于提高自己的思想认知来说，已经是非常了不起了。

如果你非要去追求5分钟读完一本二三十万字的书的境界，很遗憾，可能这本书所讲的方法真的帮不了你。

快速阅读适合的范围

上一节中已经简单地讨论过这个话题。哪些书可以快速阅读？哪些书不能快速阅读？

严格地讲，不同的快速阅读方式，适合不同类型书籍的快速阅读。

我们先来把书籍进行简单的分类。

小说故事类： 就是我们平时所说的文学作品，以故事为主线。这类书是适合用快速阅读的，特别是少年儿童。但是这类书籍不太适合用结构化速读来读，因为文学类的作品往往是线性结构，以一条或者几条主线串联起整本书的内容。有时候作者还为了更好的阅读体验，故意为故事情节设置很多的悬念和反转。

从学习的角度看，这种书是不适合用结构化速读的。

纪实传记类： 这类作品读起来的感觉与文学作品有些相似，都是在讲故事。不同的是，纪实传记类作品往往是以时间为主线或者人物为主线，其逻辑性相对于文学作品来讲会强一些。但是有些传记文学写得很像小说，也有些高手作家能把虚构出来的小说写得像纪实传记。

从阅读的角度看，这两类书籍都适合用眼动速读，但不适合用结构化速读。

科普知识类：此类书籍大部分为小短文，个别为长篇科普性文章，写给成人的和少年儿童的略有区别。此类书相对而言适合结构化速读或者跳读，每天想读的时候就从目录中选一篇自己最想读的。因为此类书籍的内容设计相对来说比较松散，章节与章节之间的关联并不大，所以在阅读时整体的思想结构不强。如果整本书前后关联大且联系密切，那就不属于科普，而属于专业书籍了。

生活常识类：此类书与上述类型极其相似，只是一个为普及科学知识，一个为普及生活常识。这类书也属于随手翻来的读物，跟杂志的性质非常相似。有零散的空闲时间时，随手翻开阅读一篇，下次再阅读时也不用担心无法衔接上篇的内容。

期刊类：虽然期刊也分为很多种，有专业类的、有娱乐类的、有新闻类的，但所有期刊都有一个共同点，就是文章的独立性。期刊中的文章与文章之间没有前后的逻辑关系，单独阅读其中任何一篇都能完整地理解作者要表达的意思。

从快速阅读的角度来看，以上五类书籍没有讨论的必要，因为这类书籍多半是用来消遣或者是用来随手翻翻的。我不否认我们依然能从这类书籍中学到很多的知识，但是由于其结构松散和文章独立的特点，每篇文章的字数都相对较短，所以很多快速阅读的技巧在此类书籍中无法运用。当然，如果经过快速阅读训练，阅读速度明显加快后，此类书籍的阅读速度也会明显快很多。

思想理念类： 此类书籍是目前流行最广的一类，也是对于成人来说最最重要的一类书籍，包括哲学类、宗教类、学习方法类、做事习惯类、经营理念类、时间管理类、情绪管理类、人际交往类、思维养成类、各类心理学入门及普及型读物等。这是最适合快速阅读的一类书籍，因为其特点是整本书只讲述一个中心主题，而且会围绕这个主题由浅入深地逐步分解讲述作者想要表达的观点、方法或者是解决思路。此类书籍逻辑推理性相对来说不是很强，但前后内容有关联，需要系统全面地阅读才能真正理解作者要表达的意思。

这类书籍可以说能够适用目前市面上大部分的快速阅读方法。

专业知识类： 不论是中小学的教科书，还是大学或者成人学习用的教科书都属于这个类型，其特点是专业性强、逻辑严谨、阅读性差。此类书籍是用来学习的，不是用来闲暇阅读的。比如一本高等数学，我们先不说整套的高等数学，就拿其中的"微积分"这一个概念来说。如果我们能用几天的时间完全搞明白并掌握微积分的所有知识，并能熟练地解决和计算与其相关的所有问题，可以算是数学天才了。如果指望任何一种快速阅读的方法帮你在几小时甚至几十分钟内阅读并学会微积分，我觉得这完全是痴心妄想，或者叫白日做梦。

那么专业书难道就不能快速阅读了吗？当然能。前面我曾经讲过这个问题。如果你的专业知识已经远远超过这本书的高度的时候，就能实现快速阅读。比如一个北大数学系的博士生去读一本微积分入门的书，需要多久？一分钟足矣，因为他根本不需要读，知识已经全在他脑子里了。

手册词典类：此类书严格意义上讲根本不是用来读的。那用来做什么？一是背诵，二是查询。如果是专业人士可能就用来背诵。比如为了某种英语考试，我得背相关的英语词典。为了考取法律相关的资格，我得背一些法律典籍。还有医学类典籍、工程类手册等各类手册、标准。如果不为考试或者工作需要去背诵，那这类书的第二个功能就是用来查询。

当我遇到一个不明白或者记不清的知识时，我知道从哪本词典或者手册中可以查到。如果平时遇不到此类问题，此类书籍只能静静待在书架上，以备不时之需。

卡通漫画类：此类书不好做评价，因为此类书籍的主要表现形式是漫画、插图，而不是文字。快速阅读主要讨论的是文字为基础的书籍，如果整本书全是图画或照片，那能读多快全靠个人喜好，喜欢我就多看会儿，不喜欢就直接翻过。

这类书籍也不是快速阅读研究和讨论的方向。

阅读速度和阅读效果的关系

很多人有一个错误的理念，认为读得越快，理解得越差；读得越慢，理解得越好。其实不然，凡事都有一个度，过快或者过慢都会对理解产生影响。我们来举一些极端的例子。

我们先来看看是不是读得越慢，理解得越好。阅读下面的文字，阅读的时候尽可能快，看大约需要多久，能理解多少。

一个人一生中能阅读多少本书呢？不同的人会有不同的答案，有些人一年的阅读量能达到几百本，甚至上千本，但是有些人一生也阅读不完几十本书。但是有一件事是我们必须相信的，就是我们阅读的书越多，我们的思想境界就会越高，我们的人生就会越精彩。

我们再来阅读一段字数相近、内容相似的文字，但这次我们把速度放得很慢很慢，看是不是阅读速度放慢了，理解的效果更好。

很多人都喜欢看书。但是有的人一年能读几百上千本，有的人一年只能读两三本。为什么？假定每天拿一小

时的时间来阅读，有的人可以读完两本书，有的人只能阅读几页，甚至几十页内容。所以决定一个人阅读量的关键是阅

读　　　　速　　　　度　　　　，　　　　而

不　　　　是　　　　阅　　　　读　　　　所

花　　　　的　　　　时　　　　间　　　　。

如果这个例子还不能让你体会到速度过慢对理解效果的影响，我们想象一下，把这段话的每一个字印到一张纸上，然后由别人一张张地举给你看，3~5秒看一张。这时候速度够慢了吧？但是在这样的速度下，我们的理解效果真的就很好吗？

估计当你看到第5个字的时候，前面的字可能已经忘了。而且在这种速度下阅读很容易令人"着急"，甚至烦躁。

如果你不信，很简单，你去做下面的尝试。

找人用毛笔抄写一篇你非常想读但是还没有读的文章。他用正楷一个字一个字地抄写，你就在旁边看。

如果你是个对书法没有丝毫兴趣的人，就算这篇文章只有500字，别人写一个你看一个，你觉得你能坚持多久？

适当的阅读速度

如果平时阅读量很少，那最适当的阅读速度是每分钟300~500字。这相对于目前很多人大肆宣传的每分钟8000字、10000字相去甚远。但是，我们来算一下：

如果坚持每分钟阅读500字，每小时就能阅读3万字。按每天阅读1小时算，每年的阅读量约1000万字。

1000万字是什么概念呢？

按照目前市面上常见的书来算，大部分书的字数在15万字左右，这样算下来，我们就算没有任何快速阅读的技巧，一年下来，仍然能阅读50~80本书。

那为什么很多人一年读不了几本书呢？

这些都是借口，真正的原因只有一个。

那就是：**懒**！

第二章
快速阅读前的准备工作
CHAPTER 2

身体方面的准备
心理方面的准备
技术方面的准备

快速阅读的几种模式

阅读怎么还需要准备呢？

是的，当然需要准备，而且需要准备的东西还很多。

简单讲，包括3个方面：身体方面的准备、心理方面的准备和技术方面的准备。

在准备工作开始之前，我们先来整体地了解一下目前比较流行的几种快速阅读模式。

快速阅读有很多种模式，每一种模式都有它自己的特点。不同类型的书籍、不同的阅读需求、不同的年龄段、不同的人群所适合的快速阅读模式也不尽相同。

影像阅读

我们先从"江湖传说"中最牛的影像阅读说起。

影像阅读起源于欧美，目前据说比较权威的一本书是美国的保罗·R.席利的《10倍速影像阅读法》。

还有一段关于影像速读的教学在网络上疯传过，是个语音版的，我也认真地听过好几遍。

但是我首先坦白，我没能练出作者所说的这种"十倍速影像速读法"，不过其中的很多理念还是值得我们去学习和借鉴的。所以，我只能根据我的理解来谈谈我对影像速读的认识，请大家以批判的眼光来看。

影像阅读是通过潜意识来进行阅读的一种方式。在阅读过程中，并不是按字、句、行的方式来阅读，而是按页的方式来阅读。也就是说，无论这一页字大字小、字多字少，都按一种速度翻页阅读。

那这么快能看完吗？答：根本没看。

这是什么逻辑，不看那翻半天图什么呢？

还有更神奇的，就是在影像阅读的时候，我们的注意力都不用在页面的内容上，你随意怎么开小差儿走神都没关系，根本不影响阅读效果。

这听上去越来越不可思议了。

这种方式就叫潜意识阅读。只要页面上的字符能够传到我们的眼睛，潜意识就能接收到，后期通过一定的方式进行"活化"，我们的大脑就能意识到书中所表达的内容了。

那到底是怎么看、看什么，又怎么活化呢？

后面的章节会给大家做详细的介绍。在这里只给大家简单介绍一下这种阅读方式的一些效果。

影像阅读的速度基本稳定在1秒2页的速度。没错，我确实没有写错，是1秒2页的速度。

也就是说，一本大约200页的书，阅读完所用的时间大约是100秒，也就是不到2分钟的时间。一本300页左右的书，阅读完成所需要的时间大约是150秒，即2.5分钟的时间。

最关键的是，这种阅读方式和书的类型也没有关系，即不管是小说、传记等文学作品，还是学习类、生活类、思想理念类的书，或者是漫画、杂志等，都可以用这种方式来阅读。

这听起来是不是特别的神奇，让人特别羡慕?

眼动速读

我这里要说的眼动速读可能有些争议，有些人说这不叫眼动速读。

管它呢，大家只要能理解我所表达的意思就可以了。

这种速读方法是目前市面上培训机构教得最多的一种阅读方式。它是通过训练眼球运动的灵活性，让眼睛运动得更快以提高阅读速度的一种方式。同时，它通过消声的专项训练，来达到眼脑直映的目的。

这种快速阅读的方式是目前看来对青少年来说训练效果最

明显的一种。它一般要经过3项最基本的训练：**动眼训练、视幅扩大训练、消声训练。**

经过一段时间的训练以后，大部分孩子的阅读速度能提高到每分钟3000字以上，也有些特别有天赋的孩子阅读速度会提高到每分钟5000字、8000字，甚至10000字以上。但我们必须要承认能达到每分钟一万字的毕竟是少数。

不过，眼动速读的速度受阅读内容的类型的影响很大。那些号称每分钟10000字的阅读，基本是在阅读童话故事或者同样难度不大的文学作品。如果是难度稍大或者涉及推理或者逻辑的书籍，是很难达到这么快的阅读速度的。如果是纯专业的书籍，或者数学、物理及相关类型的书籍，是很难用这种方式来阅读的。

不过这种阅读模式的好处是，凡是训练都会有效果，特别是对于青少年、8~10岁的儿童效果更加明显。对于15岁以上的练习者来说，效果相对不是特别明显，但是如果坚持训练，仍然会有一些效果的。

对于眼动速读的训练来说，相对比较难的是阅读习惯的改变和消声的处理。比如我们已经习惯了在阅读时逐字逐句地阅读，或者说一行行地阅读。当我们的视幅扩大以后，同时阅读两行或者多行的方式似乎是一种不太好适应的阅读方式，但是经过一段时间的训练后，就会慢慢适应。

另外就是消声的训练。我们从小时候识字时开始就是声读的模式，因此特别是对成人来说，改变声读的模式是个非常艰难的过程，似乎不出声就无法理解文字的意思，只有把文字读出来，哪怕是默读，才能够理解文字所表达出来的意思。

思维导图速读

我也把这种速读模式称为"结构化速读"。在我的另一本书《思维导图：快速提升学习力的75个基本》中也专门讲解了思维导图的阅读模式。

我个人觉得，这种思维导图的阅读是更适合成人学习的。这种阅读模式不需要长期的训练，只需要改变传统的阅读习惯就好。

在思维导图阅读的过程中，我们打破了按顺序进行阅读的习惯，按照作者写书的思路，从目录开始读起，逐步细化到各个细节，实现整本书的阅读。

思维导图的阅读模式不适合文学作品，特别是非主流的文学作品。因为非主流的文学作品在创作的过程中就不是按结构化思维模式来创作的，作者在创作这些作品的时候完全是根据自己的灵感，边写边想，在很多时候连作者自己也不知道故事会发展到哪里、结局会怎样。

而对于一些知识型、思想理念型的书，作者在创作的时候就是按这种结构化的思路来进行的。读者也很容易抓住作者的BOI（BOI是指基本顺序思维，请大家参照《思维导图：快速提升学习力的75个基本》），阅读的时候能够做到思路清晰、结构明晰。

快速阅读前的心理准备

阅读还需要心理准备？准备什么啊？

所谓心理准备，就是调整自己的心态。

快速阅读前需要建立自信，相信自己能够拥有快速阅读的能力，并能够在快速阅读的同时理解原文的意思。

其实大部分人之所以不能快速阅读，就是不自信，或者说根本不相信自己在很高的阅读速度下能够读懂文字的意思。

这似乎说来说去是一个意思啊？

为什么不会用快速阅读？因为不自信！

为什么不自信？因为怕读快了看不懂！

为什么会认为读快了看不懂？因为不会用快速阅读！

好了，现在3个问题形成了一个封闭的环。只要我们能够打破这个环中的任何一环，这个问题环就不存在了。

那这个环中的3个问题，哪个最容易打破呢？

对比来对比去，我觉得还是最后一个最容易打破。

读快了就看不懂。事实真的是这样吗？你试过快速阅读吗？

如果没有试过，为什么就擅自断言只要读快了就不能理解呢？

还记得我们上一章中做过的快速阅读实验吗？请先大胆地尝试一下。

很多人很想快速阅读，也在努力调整自己的心态，拼命地让自己努力相信自己有能力快速阅读，于是大胆地尝试快速阅读。

那这时候，速度提高了没有？

提高了。

能够理解文字的内容吗？

不理解。

我估计有读者已经晕了，你是在说绕口令，还是在开玩笑呢？

都不是。请听我慢慢道来。

我在做记忆力训练的时候，经常给我的学员讲这样一句话：

"不要把你的注意力用在紧张上！"

同样，在大家刚开始训练快速阅读的时候，也要注意这一点：

不要把你的注意力放在自信上。

这句话怎么理解？

因为内心太不自信了，所以拼命想让自己变得自信，但是这种自信并不是发自内心的，而是发自理性和口头。于是，在阅读的时候，就不断地告诉自己："要自信！要自信！要自信！"

结果所有的专注力都用在了"要自信！"上，虽然眼睛盯着页面上的文字，但专注力根本没有在文字上，也就是说"什么也没看进去"。

眼睛不停地在文字上扫描，心里不停地默念"要自信！要自信！要自信！"，甚至有些人还在嘴里不停地嘟囔"要自信！要自信！要自信！"根本就没有关注页面上的文字是什么。

所以，说一千道一万，根本的解决文案有没有？

有！就是大胆地加快速度去读，至于能不能读得懂、能理解多少，先不要管！

如果敢于用这种心态去读，不久之后你就会发现：也许刚开始的时候，理解的效果并不理想，但是坚持一段时间后，快速阅读的理解效果会越来越好。

快速阅读前的身体准备

身体也需要准备？！

穿什么衣服？吃什么东西？

大家可以回忆一下，是不是有很多人喜欢窝在沙发上看书，是不是有些人喜欢躺在床上看书，是不是有些人喜欢拿着手机看书，是不是有些人喜欢一边喝着小酒、吃着零食，一边看书？

这些看起来都是个人的习惯，实际上都是影响阅读速度的因素。

身体的不同状态对于阅读速度会产生很大影响。比如，在太饿的情况下，大脑的专注力会被饥饿感占据，而无法集中精力去做任何事情。同样，如果吃得太饱，大脑是极容易犯困的，这时候如果安静地阅读，很容易进入昏昏欲睡的状态。因此，不要在太饿或者太饱的情况下阅读。

另外，建议大家看书的时候要坐着，而且尽可能不要坐有靠背的椅子或者不要倚在靠背上。因为慵懒的姿势是很容易让人犯困的，而相对直立的姿势会更容易让人清醒。

在阅读的时候，特别是长时间阅读的时候（我觉得15分钟以上都应该算是长时间阅读），尽量不要用别扭的姿势，比如跷着二郎腿等。

身体放松的另一个层次是身体内部的放松。阅读前尽可能做到全身放松，调整呼吸，让身体处于一种非常平静、非常放松的半催眠状态。也就是说，刚刚进行了剧烈运动或者情绪激荡时不要急于去阅读。

这样做的目的是让大脑尽可能调整到适合阅读的状态，能够更好地、更快速高效地接收信息。

先找一个舒服、自然、放松的姿势坐好，然后连做三次深呼吸。每次都慢慢地吸气，直到吸满，然后把气含在身体内部至少3秒，再慢慢呼出。每次呼吸都给自己强烈的心理暗示："我放松了，我更加放松了，我越来越放松了……"

这种方法可以让自己的身体快速地放松下来，大脑也能在迅速地调整好状态，为快速阅读做好准备。

更多有关调整身心状态的技巧和训练方法，大家可以参考有关催眠和潜能开发的相关课程。

改变之前的阅读习惯

这里所说的阅读习惯与阅读方法和技巧无关，这里所说的阅读习惯是自己在读书学习过程中的一种行为习惯。

比如很多人喜欢坐在沙发上，开着电视，看着自己喜欢的娱乐节目或者泡沫电视剧，每到插播广告的时候，就拿起身边的书看几页。广告一结束，继续看电视剧。

或者说按照上一节的要求做了，比如调整姿势坐好，调整呼吸，一二三四。这些准备做得非常到位，值得表扬。

可是呢？

读了不到一页，手机响了，于是接一个电话。

十几分钟后，重新放松、调整呼吸，一二三四，继续阅读。

又读了不到一页，手机微信"叮咚"一响，赶紧拿起手机，看看是谁在给自己留言，有什么事。

结果呢？看完好友的留言，把其他的微信消息也看一遍，顺便把朋友圈里的新评论也看一遍，再把朋友圈里其他好友分享的好玩的事儿也看一遍……

就这样一声"叮咚"，又是生生夺走了十几分钟甚至半个小时的阅读时间。

当你在抱怨自己看不进书、读得太慢的时候，有没有认真地反思过自己是不是也像上文所说的那样，是个在阅读的时候操心事儿特别多的人呢？

有则改之，无则加勉吧。如果在阅读前不能给自己创造一个好的阅读环境，方法再好，阅读的效率也提高不到哪里去。

这里所说的阅读习惯，就是指**保持相对长时间的专注**。

学习专家钱雷老师在集训营里提到了孩子们不好好学习的4个主要因素，讲得非常形象。

手里有个手机，

思想开着飞机，

旁边同学像斗鸡，

智商不在服务区。

送给各位读者朋友共勉。

第三章
影像阅读

CHAPTER 3

潜意识阅读
通过软眼看悬页
后期要活化

影像阅读的起源

我第一次看到"影像阅读"这个说法，是在一本叫《十倍速影像阅读法》的书（作者是保罗·R.席利）上。

刚读这本书的时候，我是完全不相信阅读速度能提高到每秒2页这种说法的，直到后来无意中得到了一个录音版的课程，其中详细介绍了这种快速阅读的方法，我才算是对这种神秘的方法有了一个大概的了解。

据说20世纪这种方法已经在欧美国家的上流社会中非常流行，很多科学家、商业名流和各行各业的成功人士都在运用这种方法。一旦熟练掌握了这种方法，每天只需要拿出半小时至一小时的时间，一年就可以轻松地阅读至少500本书。

这是一个好大的诱惑啊！但这似乎又是一个好大的坑啊！

为什么这么讲？

这本书已经传入国内很多年，但是你们听说过身边哪位朋友掌握了这种方法吗？

几乎没有。

我说得很严谨，是"几乎"没有。真的能掌握这种方法的人少之又少啊！

为什么会这样呢？这本书近几年还在不停地再版、再印，据说销量也不错，但是为什么没有多少人能学会并掌握呢？

难道这种方法真的很难？

难道这种方法是骗人的？

都不是！

那我说了这么多，到底要表达什么意思呢？

影像阅读最难的，是如何跨越内心的一道障碍，或者说是一道坎儿。

这道坎儿是什么？

简单讲三个字，叫：**我相信**！

影像阅读的准备工作

什么是"我相信"？

就是我真的相信，完全相信，从来没有怀疑过这一切是假的。

这不是绕口令，是一种真的百分之一万相信的心态。

如果说得稍微专业一点的话，叫：**潜意识相信**。

正如前文所述，过于专注于"要自信！要自信！要自信！"实际上干扰了阅读的专注力，而太过执着于"我相信"也会扰乱阅读的进程。但是，无疑自信心是习得快速阅读的前提，因此只有将自信心潜意识化，才能真正达到加快速度而心不慌。

潜意识的能量到底有多大？

这里要说一个可能是众人皆知的理论——"冰山理论"。

如果把我们人类大脑的能量看作一座冰山，那意识就是露出水面的部分，潜意识就是藏在水面以下的部分。

冰山露在水面上的部分相对于藏于水面下的部分要小得多。因此，唯有调动潜意识，即暗藏在水面上的部分，我们才能真正让自己自信起来。影像阅读，以及其他的快速阅读方法的第一步都在于调动潜意识的力量。

影像阅读的原理

影像阅读究竟是如何完成的呢？

很多年前，心理学家在一个城市中做了一个实验。这个实验非常的神奇。那时候的电影还是胶片式的，胶片电影的原理是每秒要播放24张胶片的投影，然后连续起来就形成了动态的电影。这个实验跟这个电影原理有关。

心理学家要求技术人员每隔十几分钟就在电影胶片中插入一帧（就是一张胶片的内容），内容只有几个字"吃爆米花"。那按照刚才所说的原理，这几个字在电影屏幕上显示的时间是多长呢？

是1/24秒。也就是说，人们在看电影的时候，这1/24秒的内容根本不可能有人注意到，就算努力去看，可能也只是看到屏幕抖了一下，其他什么也看不清。

心理学家分别在不同的影院、不同的日期去做这个实验，并统计插入字幕的日期和没有插入字幕的日期，影院爆米花的销量有什么不同。

经过一段时间的统计，他们发现：插入字幕的那些日期，爆米花的销量翻了好几倍。

这个实验说明什么？

说明即使只有1/24秒的显示时间，我们的眼睛依然能看清影幕上面的内容，并且潜意识接受了这个暗示，并影响我们的意识去执行这个指令。

人类的眼睛能够接受字符并传达给大脑所用的时间可以达到零点零几秒，也就是说一秒可以接受并理解几十个甚至上百个字符。

据说某国战斗机的飞行员训练时，每分钟屏幕上显示120万个字符，然后其中有一个特殊的字符，大部分的飞行员仍然可以从中找到那个特殊字符。

飞行员的例子说明的是眼睛接受字符的能力，爆米花的例子说明的不仅是眼睛接受字符的能力，同时还说明了大脑理解字符的能力。

最关键的是，即使眼睛看到的是几十分之一秒的字符，意识层根本感受不到，但是潜意识层仍然能够接收这个信息。

有些时候，学习和记忆可以不通过直接的意识。

有一天，我在公司办公室整理一份材料。这份材料非常重要，明天早上一上班必须交到总经理办公室，所以，我一整天的时间都趴在办公桌上整理材料，忙得几乎连吃饭、喝水、上厕所的时间都没有。从早上8点一直忙到晚上8点，我整整干了12个小时。

我辛苦地忙了一整天，都未曾注意到我办公室楼下的广场上，一群大妈从早上9点到下午5点都在排练一个舞台剧，并且一直在放一首曲子。这是一首我从来没听过的曲子，不管是不是一首新歌，总之我从来没听过。

第二天上班，有同事开始发牢骚：今天那帮大妈不会再来了吧？吵死了！

我好奇地问：什么大妈？

同事说：难道昨天你没有听到？

我：没有啊！我昨天一直忙着整理材料呢，没有注意到啊！

很多天以后的某一天，我走在大街上，路边有人在跳广场舞，并放着一首曲子。我感觉那首曲子特别熟悉，但是怎么也想不起这首曲子叫什么名字、在哪里听过，更重要的是，我不仅能够轻松地跟着曲子的节奏哼出整首曲子的韵律，连歌词也基本都可以唱出来。

讲到这里，我想大家应该明白了。我什么时候学会并记住了这首曲子的韵律和歌词？

就是那天忙着整理材料的时候！

我为什么能学会呢?

因为大妈们在我的办公室外循环播放了一整天。

可我当时并没有注意到,是怎么学会的呢?

因为我的潜意识听到了。

只要耳朵听到了,潜意识自然可以接受,并能感受和记住它。虽然这是一个假想出来的场景,但我想很多人都有过类似的经历。这就是潜意识学习的能力。

我的孩子大概7岁的时候,学校要求背诵《弟子规》。当时我朋友的孩子3岁,两个孩子经常在一起玩。

有一天,我家孩子在背《弟子规》,就是反复地读、反复地背。朋友的孩子在同一房间里玩玩具。我家孩子背了大约半小时,朋友的孩子玩了半小时玩具。

3岁的孩子没有人要求她背,也没人管她,她当时也在很认真地玩搭积木。半小时后,我让我家孩子合上书背诵,背着背着,我家孩子在很多地方卡住,怎么也想不起下句是什么,但是有很多次,朋友的孩子却能轻松地接出下句。

这个3岁的孩子是靠什么来记住的?当然,她也听了很多遍,但当时她的注意力根本不在这上面,她在很专注地搭积木呢!

答案就是潜意识,是潜意识帮她完成了记忆。

潜意识学习的前提就是:只要眼睛能看到,耳朵能听到,哪怕注意力根本不在上面，潜意识依然能完成学习过程。

这也是很多人推荐在睡觉前听英语或者听其他知识音频的原因。人在半迷糊状态时，潜意识是最容易出来工作的，半迷糊状态下，虽然大脑的意识已经迷糊了，甚至都感觉似乎已经开始做梦了，但只要耳朵能听到声音，潜意识依然能接受耳朵听到的信息。

耳朵有这种潜意识学习能力，眼睛同样有潜意识学习能力，我们的五官甚至身体的各个部位都有这种潜意识学习能力。这就是影像阅读的根本原理。

只要眼睛看到，潜意识就能接受并理解文字的意思。所以，当我们以每秒2页的速度用眼睛扫描文字的时候，虽然意识层根本不知道看到了什么，但是潜意识层已经完全接受了这些文字信息，并理解了文字信息所表达的意思。

说到这里，肯定有很多人存在一个非常大的疑问：

老师，我相信你说的这些理论，但是我意识不到，或者说回忆不出来，那么，即使这些信息能够进入潜意识，又有什么用呢？

这就涉及影像阅读的下一个步骤：**活化**。

但在讲活化前，我们还要先来看看影像阅读到底是如何阅读的。

影像阅读的方法

第一步：**确立阅读的目标。**

在正式阅读一本书之前，这一步非常重要。尽管听上去似乎是可有可无的，但是真的很重要、很重要。

我们要认真感受一下，好好地问问自己：

我阅读这本书的动机到底是什么？

我希望通过阅读这本书达到什么目的？

这本书对我真的有用吗？

我是真的想阅读还是根本就不相信这本书说的道理，只是被逼无奈必须去读？

这就好比现在要你去追求一个姑娘。但在正式开启你对姑娘的攻势之前，你得好好问问自己：我真的喜欢这姑娘吗？是我真的爱上了她，情不自禁地要去追求她，还是我妈逼我去追求她？是她的哪个地方深深吸引了我，或者说没有什么理由，我就是一下子被她吸引了，还是闲着也是闲着，反正自己现在单身，追上一个算一个呢？

不同的心态决定了做事的效果，无论恋爱还是阅读都是如此。

所以，一定要找到自己阅读的动机和目标，如果所看的书的内容根本不是你想要的，我劝你早些放弃，还可以为自己节约很多时间，做些更有意义的事情。

认真想想，你希望通过阅读这本书收获些什么？你希望学会哪些东西？希望了解哪些东西？希望解决自己哪些方面的疑惑？

诸如此类的问题，你问得越多、越详细，你阅读的过程中潜意识接收的信息就越精准。

第二步：**调整身体状态。**

为什么要调整身体状态呢？

因为潜意识是个很奇怪的东西，在越放松的状态下，潜意识的能量就越大。

为什么所有的催眠都要先进行放松，然后再慢慢地进行，而不是把被催眠者吊到游乐场的大摆臂上或者悬崖边上，让被催眠者在紧张的状态下进行？就是因为潜意识在人极其放松的半迷糊状态最容易出来工作。

所以，在阅读前，我们要调整一个舒服的坐姿。

这里说的舒适一定不是"葛优躺"式的舒适，而是全身放松、尽可能正规坐着的舒适。不要趴着，不要躺着，不要斜靠着，双脚尽可能自然地踏在地面，不要悬空，也不要跷着二郎腿。背要直，脖子要正，面部肌肉放松，全身处于自然放松的状态。

有人可能会问：老师，我们只是要阅读一本书，真的有必要如同参禅一般吗？

是的，我也曾经怀疑过这一系列的仪式是不是真的有作用，还是纯属心理作用。但是从我个人已经顺利、高效、轻松、自由地完成了十几部书的写作过程来看，这个仪式感还是非常有效的。如果我们以"葛优躺"的姿势工作、学习，很快就会真的把自己"催眠"了。

我们是要放松，但是不能睡着。正确的姿势不仅是一种仪式感，更重要的是它让身体处于非常放松但大脑还不能睡着的状态。

第三步：**调整呼吸和心态**。

给自己心理暗示：我要开始快速阅读了，请潜意识做好准备，开始好好地阅读。

不断地暗示自己：我要快速阅读了，请大脑做好准备接收这本书的信息，我将用最快的速度阅读完这本书，我相信我的大脑也能非常高效全面地接收到这本书中的所有信息。

暗示结束后，做3次深呼吸。每次都深深地吸气，吸满为止。然后停住几秒，再慢慢地呼气，直到把所有的气体全部呼出。连续3次。

每次吸气都暗示自己：我的身体更加放松了。

每次呼气都暗示自己：潜意识出来工作了。

然后开始正式阅读。

好了，请大家暂停一下，我们又要补课了。因为下面的几个概念你不理解的话，根本不知道在阅读的时候眼睛应该看什么，应该往哪里看。

在快速阅读时需要使用**软眼**。

软眼是什么？

如果用一个非常容易理解的比喻来说，软眼就是我们好几天没睡觉，困极了，虽然在努力坚持，但是真的已经没有能力睁开眼了。在眼睛半睁半闭的那一段时间里，眼球已经无法聚焦，根本看不清任何东西，尽管眼前的所有东西尽收眼底，但是没有焦点。这种状态就叫软眼。

我怀疑有些人已经听晕了。我们再换个更容易理解的例子。

20世纪90年代曾经非常流行三维立体画，在看三维立体画的时候，要重新调整眼睛的对焦距离，让眼睛的焦点放在被观察的图片的更远处，从而使得左右眼看到的图像的重合点没有办法落到画面上，而在画面上形成一个交叉。

我们来看一个简单的示意图。

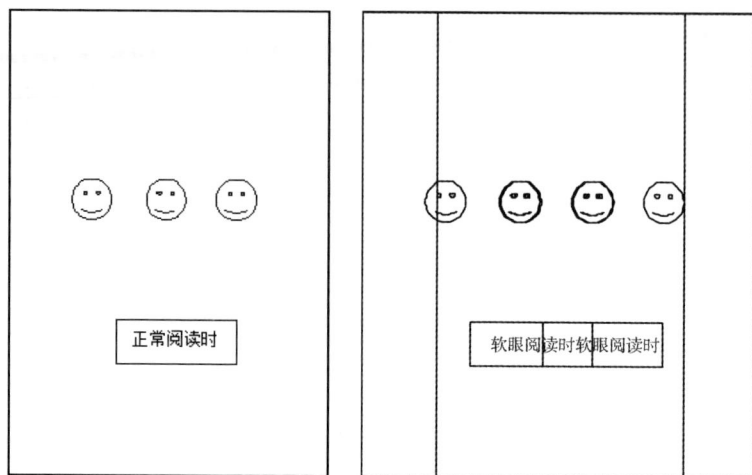

从上面的示意图我们可以看出，在软眼阅读时，左右眼的图像是重叠但不重合的。其实在这种状态下我们是无法看清任何东西的。一本正常的书打开后，软眼去看时，就类似于下图这种状态。

软眼是什么？ 软眼是什么？	
如果用一个非常容易理解的感觉来表达软眼这种状态的话……我们好几天没睡觉困极了，虽然在努力坚持但还真的想睡，有坚持住看前面没有睡着的时候，在眼睛半睁半闭的那一段时间里，眼球前离焦……眼球不落在任何东西眼前的所有东西尽收眼底但是没有东西感收睛的焦点，这种状态就叫软眼。	
我怀疑已经有些人听录我怀疑但就填坐大家原验我们再给讲述容易体验的例子。还记得上世纪90年代非常流行的立体立体图却常凌替出维维弦画面时候在看重看新调画的时候，是要重新调整眼睛的对焦距离，让眼睛前看焦点被说眼睛的对焦更远去被放泰便图片的更远处，从来使得左右眼看到的图像的重叠点双重看到的图像的重合点满看面画落到画面半交而在画面上形成一个交叉。 又。	
我们来看一个简单的示意图来看一个简单的示意图。	
从上面的示意图我们可以看面的示意图象却时以看到的图像图重叠的左右眼的图像是重叠的但不重合。其实在这种状态的我们真实在看精核表看的是无丝看得到有东西的。一本正常的书打开后，有软眼去看时，就整似有软图去看眠态就类似于下图这种状态。	

那么，当书打开，左右两个页面同时出现在眼前，就会出现下面的情况。

正常阅读时看到的页面如下。

软眼是什么？

如果用一个非常容易理解的比喻来说，软眼就是我们好几天没睡觉困极了，虽然在努力坚持但是真的已经没有能力睁天眼了时候，在眼睛半睁半闭的那一段时间里，眼球的聚焦已经完全花了，根本看不清任何东西眼前的所有东西尽收眼底但是没有了焦点。这种状态就叫软眼。

我怀疑已经有些人听晕了。我们再换个大容易体验的例子。还记得上世纪 90 年代非常流行的三维立体画吗？在看三维立体画的时候，是要重新调整眼睛的对焦距离，让眼睛的对焦点放在被观察的图片的更远处，从而使得左右眼看到的图像的重合点没有办法落到画面上，而在画面上形成一个交叉。

我们来看一个简单的示意图。

从上面的示意图我们可以看出，在软眼阅读时，左右眼的图像是重叠的但不重合。其实在这种状态下我们是无

潜意识阅读究竟是如何完成的呢？

我们先来看一个心理学的实验。

很多年前，心理学家在一个城市中做了一个实验。实验的细节不重要，我挑重点的说。

这个实验还是非常神奇的。那时候影院还在用那种胶片的电影。这里顺便说一下胶片电影的原理，就是每秒钟要播放 24 张胶片的投影，然后连续起来就形成了动态的电影。

为什么要讲这个，因为这个实验跟这个电影原理有关。

心理学家生隔十几分钟就在电影胶片中插入一帧（就是一张胶片的内容），内容只有几个字（英文单词）"吃爆米花"。那按照刚才所说的原理，这几个字在电影屏幕上显示的时间是多长时间呢？是 1/24 秒。

也就是说，我们在看一段动人电影的时候，这 1/24

软眼阅读时看到的页面如下。

软眼是什么软眼是什么？

如果用一个如非常容易理解比喻理解的比喻来说，软眼就是我们期好几天没睡觉困极了虽然努力坚持力虽然在努力坚持但是真的已经没有能力睁天眼了时候，在眼睛半睁半闭的那一段时间里眼球的聚焦球的聚焦已经完全花了根本看不清任何东西眼前的所有东西尽收眼底但是没有了焦点。这种状态就叫软眼。软眼。

我怀疑已经有些人听晕了我们再换个大容易体验的例子还记得上世纪 90 年代非常流行的三维立体画时立体画的时候，是要重新调整眼睛的对焦距离对眼睛的对焦点放在被观察的图片的更远处从而使来使得左右

潜意识阅读意识究竟是如何完成如何完成的呢？

我们先来看我们先来看一个心理学的实验。

很多年前，很多年前心理学家在心理学家一个城市中做了一个实验。实验的细节不重要我挑重点的说。我挑重点的说。

这个实验还是非常神奇非常神奇的那时候影院那时候影院还在用那种胶片的电影胶片说一里顺便说一下胶片电影的原理，就是每秒钟要播放 24 张每秒钟要播放的较张胶片的投影，然后连续起来就就形成了的真态动态的电影。

为什么要讲什么要讲这个因为实验跟这个实验跟这个电影原理有关原理有关。

心理学家生隔学家十几分钟就在电影就在电影胶片中插入一帧（就是一张胶片就是一张胶片的内容是奇几内容只有几个字（英文单词）英文单词吃爆米花"吃爆米花电影胶片刚才按照刚才所

如果说得再通俗、直接一些，软眼就是眼花了。

如果你还没找着感觉的话，可以通过下面几张三维立体画来找找当年的感觉。

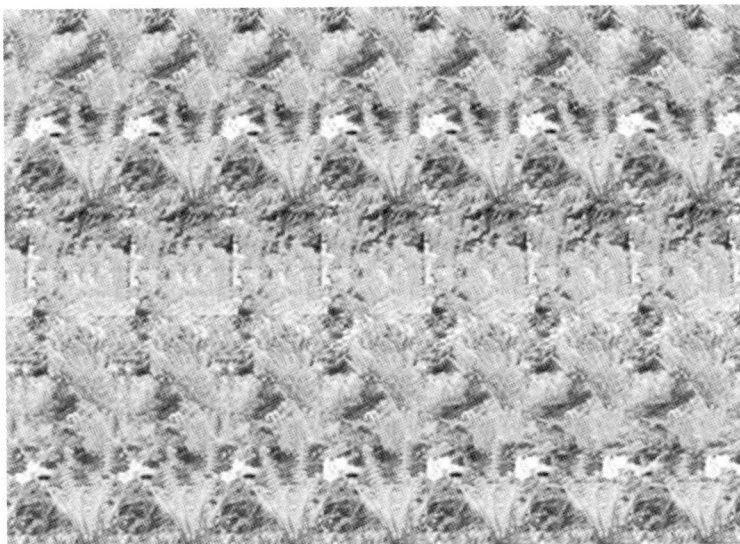

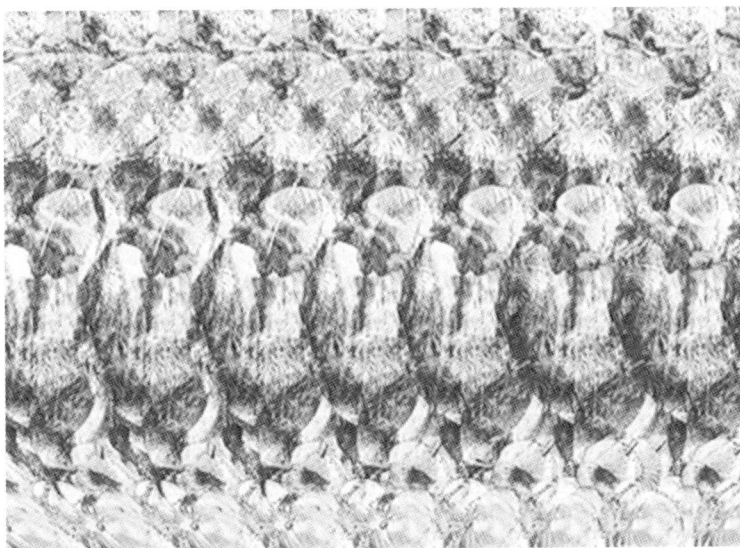

（以上图片取材于网络搜索，更多高清彩色图片请到作者微信公众号中查看。）

如果你已经理解了软眼是什么意思，并且已经能做到软眼了，那下一个概念"**悬页**"就好理解了。

当书的页面打开，每一页的四周都会有一些空白的区域。当我们用软眼阅读的时候，左页面右侧的空白区域和右页面左侧的空白区域正好重合，形成一个看上去凸起的白色圆柱形，感觉像是悬空于纸张页面之上。有人就把这种感觉叫作"悬页"。

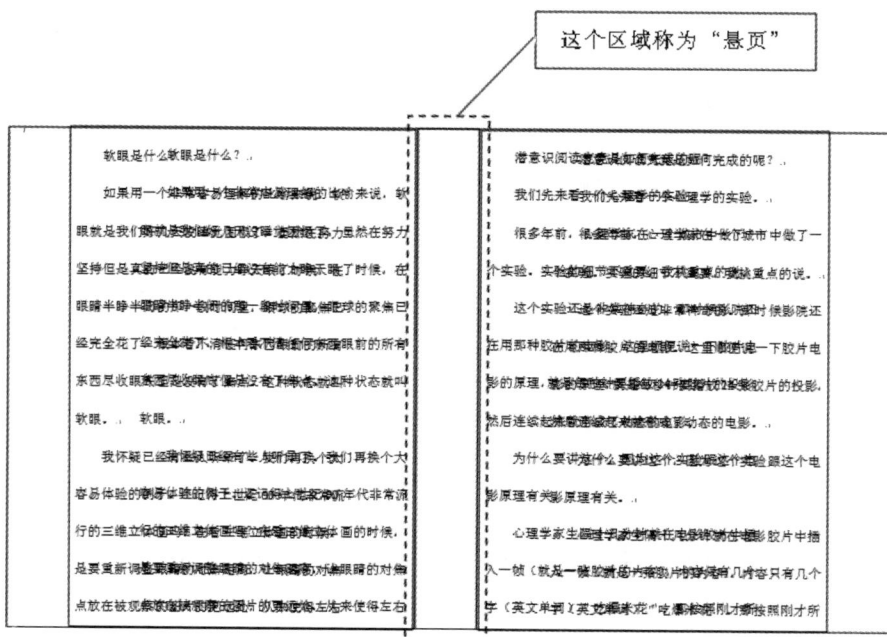

这个区域称为"悬页"

到此为止，有关影像阅读的稀奇古怪的概念就介绍完了。

下面，开始阅读吧！

第三步：**开始阅读**。

1.调整呼吸。

按照相关的影像阅读书籍的介绍，在做影像阅读时，要匀速地呼吸。

全身放松，匀速地呼吸：吸—呼—吸—呼……

然后进入下一个动作：翻页。

2.匀速翻页。

我们前面介绍过，影像阅读的速度为每秒2页。这里说的2页就是2个页面。

也就是说，除了匀速呼吸外，手翻动页面的速度也应是匀速的。建议将翻页的速度控制在每秒翻动一次，即每秒2页的速度。

3.阅读。

一边均匀地呼吸，一边匀速地翻页，一边用软眼盯着悬页，一边不断给自己心理暗示：我在进行潜意识阅读，我的潜意识正在高速地接受页面上的文字信息。

这就是影像阅读的过程。

当我们用5分钟左右匀速（实际在外行看来就是快速或者是神速）地翻完一本书后，我们看懂了什么？或者说看到了什么？

答：什么也没看到！

那我们折腾这么多有什么意义呢?

答:潜意识看到了。

怎么证明潜意识看到了呢?

答:活化以后,潜意识看到的东西就浮现出来了。

又出现一个新的概念:**活化**。

影像阅读后的活化

什么叫活化?

简单地说,就是让意识层能感觉到潜意识接收到的信息。

比如我们用影像阅读的方法看一本文学作品,看完之后似乎什么也没看到,甚至里边主人公是男是女、是老是少、是英雄还是混混,都无从得知。

但是,神奇的是:潜意识真的全盘接受了。

如何证明?最能让人接受的说法是:做梦。做梦本身就是潜意识的反应,这是心理学界已经公认的。

据说很多人通过影像阅读看完一本小说后,会在睡觉做梦的时候梦到与书中所描述的完全相同或者大致相同的情节或场景。

所以,做梦成了影像阅读后最简单却又最直接的活化方式。

我想大家这里肯定有个很大的疑问:如果我梦不到书的场景呢?

不要着急,还有一个更可行的活化的方法,叫**自我提问法**。

自我提问法,其实就是不断地问自己与这本书有关的问题。

问:这是本讲述什么类型故事的书?

思考：武侠、穿越、科幻、历史、恐怖、纪实、战争等。

问：这本书中的主人公一共有几个，分别是谁？

思考：是男是女、什么人、什么职业、什么形象等。

可能有些人会问：我也想不出来怎么办？

没关系，活化需要一个过程。有时候阅读完过一小时左右活
化有效果，有时候是次日或者隔几天再活化效果会更好一些。

然后就不断地提问类似的问题。

还有一种活化的方法，就是看着书的目录去提问。

当然这种方法不太适用于文学小说类的书，因为很多文学小
说类的书是没有目录的。

没关系，就看着目录去提问：

这段内容我曾经在书上看过吗？

作者曾经讲过什么？

就这样不断提问，能回忆出多少算多少。

经过多次反复活化以后，一本书的框架就在脑海中慢慢形
成了。

影像阅读的注意事项

我一直对影像阅读这种方法保持一种中立的态度。所谓中立，就是我不反对但我也不推荐，因为大部分人是很难跨过心理上的这个坎儿的。

反正我是没能完全地跨过去，可能一旦跨过去了，就豁然开朗了。就像一座山，我们在爬到山顶之前，永远不知道山的那一边的风景是什么样的。可能再坚持爬一段时间，就到顶了。很遗憾，我没有坚持到爬到山顶的那一天。

不过我把有关影像阅读的一些好的方法和理念抽离出来，有选择地用在了快速阅读的应用中。这将在后面的章节（三遍阅读法）中详细地介绍。

因为根据我这些年培训成人快速阅读的经验，后面讲到的几种方法，才是更适合大部分成人练习和使用的方法。

第四章
眼动速读

CHAPTER 4

动眼训练
视野扩大训练
消声训练

什么是眼动速读

不同的流派对快速阅读的命名方式不同，所以，可能有些人并不把这种阅读方式叫作眼动速读。但是，不用纠结它姓甚、名谁、哪里人，我们需要关注的是方法。

这里有必要再重申两个概念：**声读**和**视读**。

声读

顾名思义，就是在阅读的时候，必须读出文字的发音，才能理解文字所表达的意思。

声读也有很多种情况。最夸张的是大声朗读，像演讲、朗诵。我们上幼儿园甚至小学的时候，几乎每天都要大声朗读课文："人之初，性本善……""春天来了，冰雪融化……"

然后就是小声嘟囔。很多人在阅读文字的时候，总是习惯性地读出声音，虽然声音小到只有自己才能听得清，但仍然是一字不漏地读出来，因为只有这样，他们才能理解文字的意思。有些人可能在阅读的时候只有口型没有声音，但也属于这种情况。

再一种就是默读了。所谓默读，就是双唇紧闭，从外表看已经完全没有任何出声音的痕迹了，但仍然是一种声读的状态。应该说大部分人用的是这种声读的模式，特别是平时不太喜欢阅读或者阅读量不是特别大的人，基本都处在这种声读的状态。

这种声读模式有个很显著的特点，在阅读的时候，声带是有振动出现的。在阅读的时候，我们可以把手指轻轻按在喉结部位，或者在阅读的时候仔细感受自己鼻腔的后部，随着我们的眼睛在页面的文字上移动，喉结和鼻腔后部会有同步的振动出现。

其实还有一种更隐蔽的声读模式，这种模式算不算声读还存在一些争议。这种声读模式称为脑内发声。

要说清楚这种模式到底是什么状态，需要先了解文字加工的四个步骤：听、说、读、写。

这里的"读"并不是指阅读，而是指当眼睛看到一个字符的时候（比如"一"），大脑能够认识这个字是"一"，并且能知道这个字读作"yī"。这个过程叫"读"。

而大脑知道它的读音以后，嘴巴能够把它读出来，这个过程叫作"说"。

写和听就不用解释了。

脑内发声被称为"最隐蔽的声读"，就是在阅读的过程中，虽然我们嘴唇并没有动作，声带也没有发生振动，但是脑内掌管发声的区域仍然处于活跃状态。

视读

视读是什么？它是指在阅读的过程中，眼睛看到页面上的文字，可以直接转化成大脑能够理解的意思。

通过一个图来对比一下。

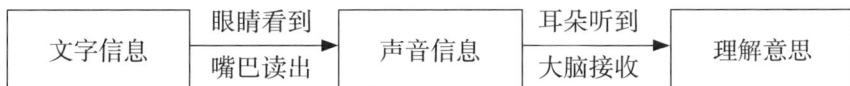

文字信息	眼睛看到 嘴巴读出 →	声音信息	耳朵听到 大脑接收 →	理解意思

上图是声读过程中从看到文字到大脑理解的过程。

我们再来看一下视读的过程。

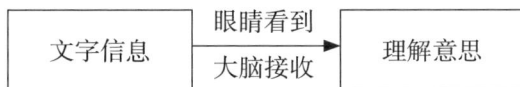

文字信息	眼睛看到 大脑接收 →	理解意思

从上图中可以清晰地看到，视读模式省去了"嘴巴读出"和"耳朵听到"这两个过程。

为什么省掉这两个过程速度就能提高很多倍呢？

阅读就像将知识"吃"进脑子里的流水线作业，当整个流水线上有一个环节出问题的时候，肯定会影响整个流水线的速度。而减少流水线作业的其中一两步，并且将前后的工序连接起来，自然能提高效率。

这就像一条公路，当其中一个位置出现堵车的情况时，整条公路就要堵死了。而如果能在缺口之上架起一座桥，绕开原先的必经之路，就能更快地到达终点。

哪个环节最容易导致"堵车"现象呢？没错，就是"嘴巴读出"这个环节。

据科学研究，人的眼睛能够捕捉到字符的最高极限大约是120万字/分钟。而人的嘴巴所能读出音节的最高速度应该是每秒10个音节（即600音节/分钟）左右，不可能再快了。

这个差别也太大了。

所以，如果不改掉声读的习惯，那么阅读的速度最快也就每分钟600字了。

那究竟如何才能改掉这个习惯，让自己能够做到由声读变为视读呢？这个问题在快速阅读领域有个专业的说法叫消声（也有些人把它叫消音，也有人把它叫割除默念）。

后面的章节我会有专门的讲解。

我们先来看看如何让眼睛接受字符的速度更快。

眼睛肌群的训练

眼睛肌群，就是眼睛及周边的肌肉群。这个训练的主要目的是让眼睛运动速度越来越快。这个训练的方法有很多种。

在讲这些训练方法之前，先给大家一个友情提醒：

如果你平时有戴隐形眼镜的习惯，强烈建议**在进行以下训练前摘掉隐形眼镜，以免造成不适或者对眼角膜造成不可预估的伤害。**

如果戴框架眼镜，可以根据自己的视力情况摘掉或者不摘掉。

以下快速动眼的训练，训练量达到一定程度后，有些人会出现头晕、恶心的症状。这属于正常现象，只要减少训练量或者停止训练一段时间后，症状就会逐渐消失。

我们先来看一些适合随时随地训练的方法。

拇指定位移动法

第一步：双手握拳，伸出大拇指，拇指向上，双臂伸直、平举，两手间距30~35厘米（如下图）。

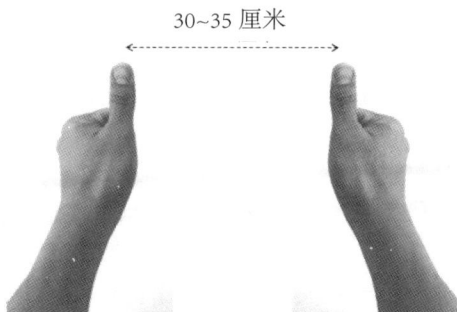

用眼睛盯住左手大拇指的指甲，然后移动到右手大拇指的
指甲，然后再移动到左边，不断重复，移动速度控制在每分钟
60~100次。训练时间建议每次不超过1分钟（当然时间也不能太
短，建议30秒以上）。

第二步：手臂伸直，双手握拳，拇指伸出，左手拇指朝右，
右手拇指朝左，一手位置偏上，一手位置偏下，两拇指的指甲处
于同一垂直线上，两手指相距30~35厘米（如下图）。

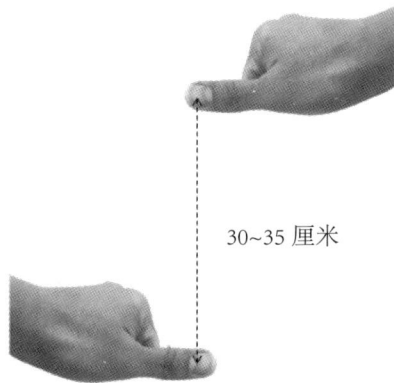

用眼睛盯住上方手大拇指的指甲，然后移动到下方手大拇指的指甲，然后再移动到上边，不断重复，移动速度控制在每分钟60~100次。训练时间建议每次不超过1分钟（当然时间也不能太短，建议30秒以上）。

第三步：手臂伸直，双手握拳，拇指伸出，左手拇指朝右，右手拇指朝左，一手位于左下方，一手位于右上方，两拇指的指甲垂直距离与水平距离均为30~35厘米（如下图）。

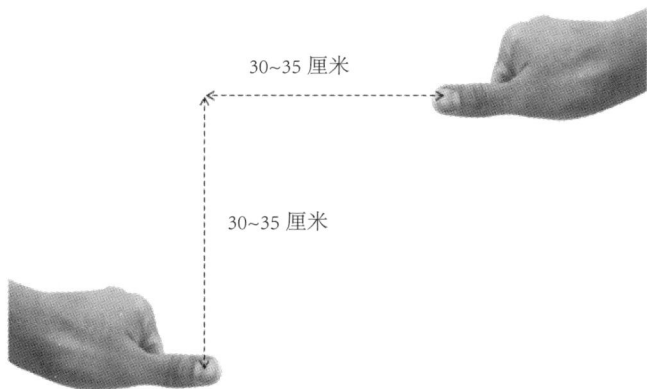

30~35 厘米

30~35 厘米

眼睛盯住左下方手大拇指的指甲，然后移动到右上方手大拇指的指甲，然后再移动到左下，不断重复，移动速度控制在每分钟60~100次。训练时间建议每次不超过1分钟（当然时间也不能太短，建议30秒以上）。

然后左右手上下交换，变成下页图，训练方法同上。

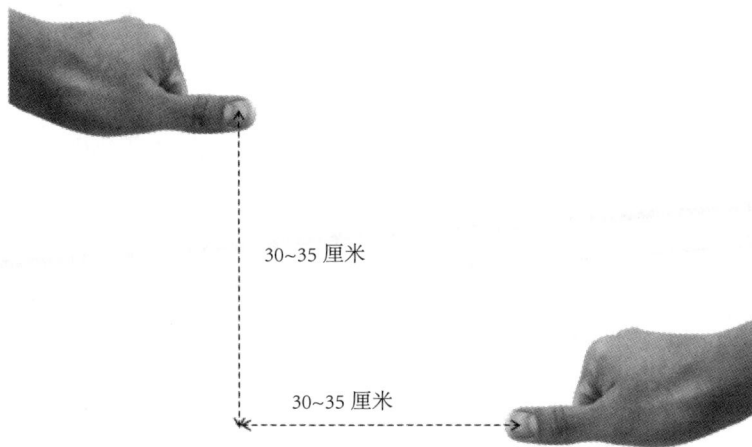

30~35 厘米

30~35 厘米

专用卡片训练法

专用的训练卡片是很容易买到的。如果买不到或者不想买，可以自己打印到普通的白纸上进行训练。（**不建议在电脑或者平板电脑、手机等电子屏幕上进行练习。**）

下图是用来训练眼睛左右运动的。

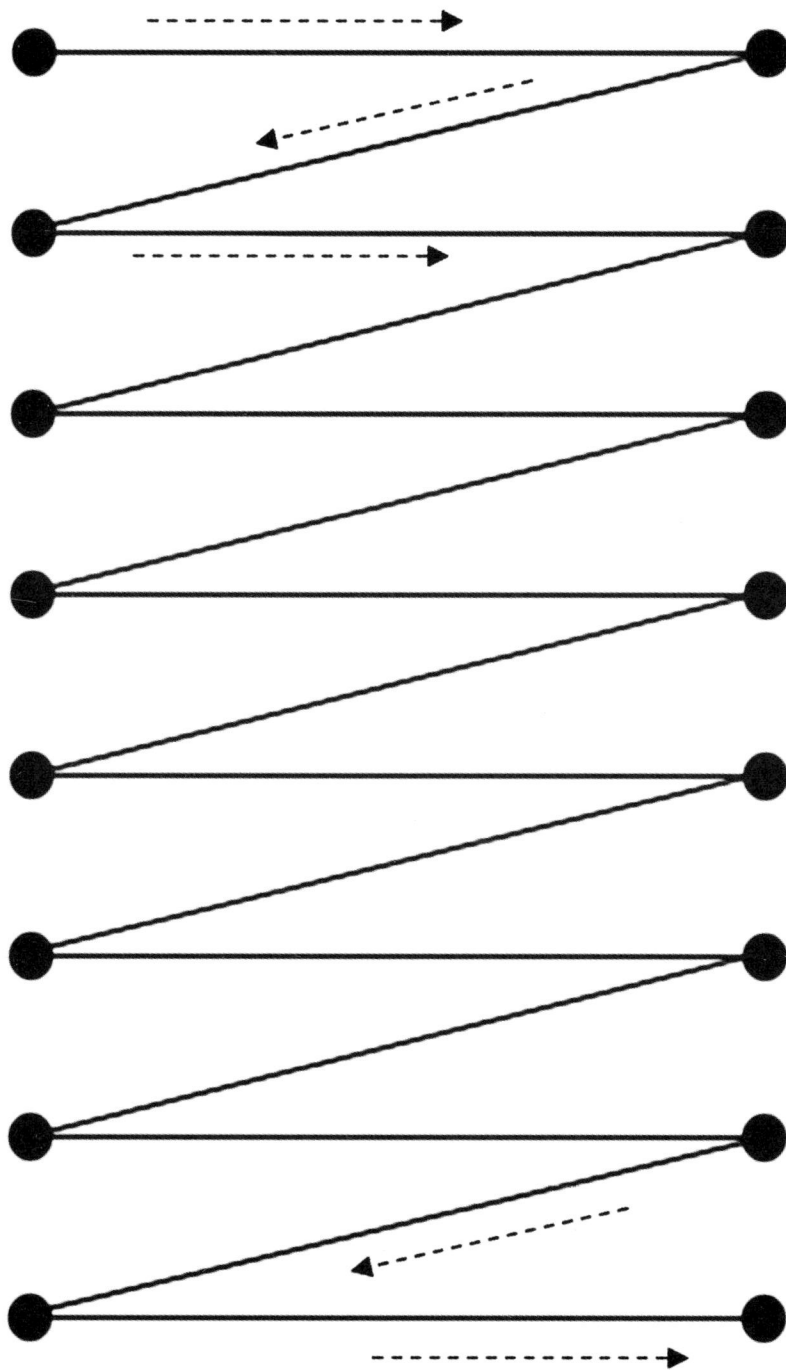

训练方法：眼睛盯住最左上角的黑点，然后沿线向右下角有节奏地运动。在运动的时候，只要眼球看到黑点就赶紧向下一个黑点跳，速度越快越好。

同样，在做这个训练时，一次连续的训练时间不要太长，建议每次不超过1分钟。（以下类似的训练均如此。）

以下几张卡片分别是上下移动、对角移动和8字移动的训练卡片。训练方法和训练要求同上，在此不作详细的描述。（《超级记忆：破解记忆宫殿的秘密》一书中的后半部分也有讲解。相关图片大家也可以到我的微信公众号中查找。）

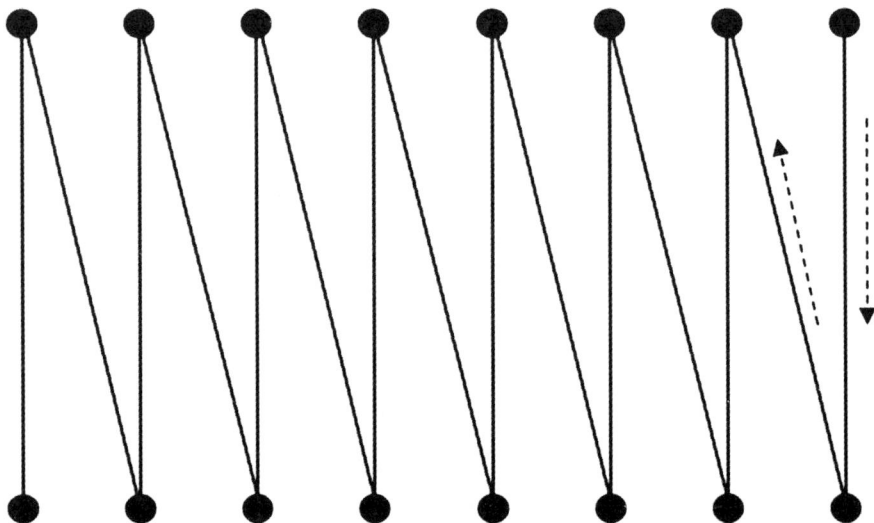

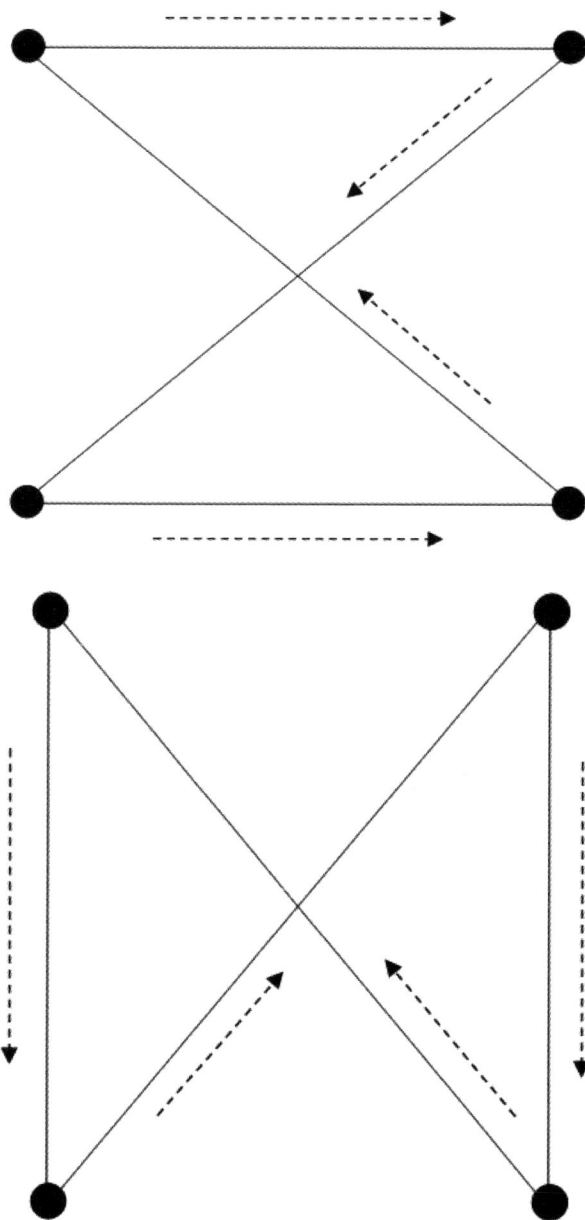

软件训练法

现在有很多此类训练的软件，在训练时一个亮点会在屏幕上根据不同的类型在不同的位置不断地闪现。

软件训练的特点是由主动训练变为被动训练。

主动训练时，眼球转动的速度是主动控制的，可快可慢，而且注意力在训练过程中有可能会跑偏。

但用软件做被动训练时，眼睛追着软件的速度，就像跑步一直跟着前面的人一样，速度是由别人来决定的。

对于自制力比较差的学员，特别是小朋友们，可以采用软件训练，就像玩游戏一样，他们会更喜欢，也更容易坚持。

但是用软件做动眼训练时，建议尽可能减少训练时间，以减少电子屏幕对眼睛的伤害。

页面阅读训练

在完成了上面的几种动眼训练以后，就可以拿页面来训练了。

刚开始的时候，先用假的页面来训练。何为假的页面呢？就是只有模拟的页面，但没有具体的文字信息。

如下图所示。

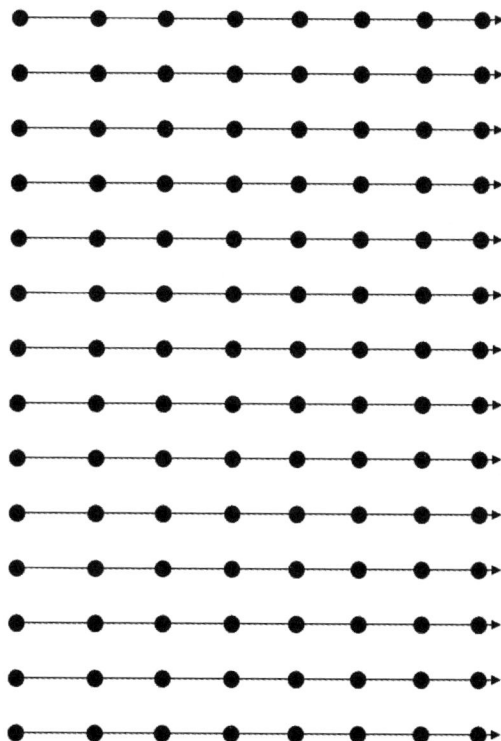

在利用上页图训练的时候，眼睛从最左上角的黑点开始，顺着箭头的方向移动，移动速度尽可能快，但是必须保证能看清沿途经过的每一个黑点。

从第一行开始看起，看完第一行马上看第二行，直到最后。

之所以不用文字来训练，只用黑点来训练，就是为了杜绝或者说消除眼睛在看到文字信息的时候，不自觉地把文字的发音读出来的现象。

在训练的时候，可以按1分钟为单位来进行练习，来测试自己能够完成多少次。从最左上角的点沿线移动到右下角的点为一次，然后再返回左上角的点重新开始。随着训练，眼球的运动速度会越来越快。

再下一步就是用假想文字来进行训练，如下页图所示。

这种训练主要是为了消除有具体内容和意义的文字在阅读时对速度的影响。当眼睛扫描这些没有任何意义的符号时，可以很好地消除音读。

经过一段时间的训练以后，眼睛不仅可以更加灵活地运动，而且会慢慢地适应这种阅读的节奏。

% (* @ # } & ^ % $ # & (^ ~ @ ? $ % (+ #

(@ & ^ > & | % ! $! @ * (% ( ) ! % (* @ #

} & ^ % $ # & (^ ~ @ ? $ % (+ # (@ & ^ >

& | % ! $! @ * (% ( ) ! % (* @ # } & ^ % $

& (^ ~ @ ? $ % (+ # (@ & ^ > & | % ! $

! @ * (% ( ) ! % (* @ # } & % $ # & (^ ~

@ ? $ % (+ # (@ & ^ > & | % ! $! @ * (%

( ) ! % (* @ # } & ^ % $ # & (^ ~ @ ? $ % (

+ # (@ & ^ > & | % ! $! @ * (% ( ) ! % (*

@ # } & ^ % $ # & (^ ~ @ $ % (+ # (@ & ^

> & | % ! $! @ * (! @ * (% ( ) ! % (* @ $

% (+ % $ # & (^ ~ @ ? $ % (+ #) ! % (*

@ # $ % (+ $ % & … # & % … % ￥) (+ $

视野扩大训练

何为视野扩大训练？

我们先来说一说平时阅读时，眼睛的视野范围（也有人叫视幅）是怎样的。

小时候我们开始学习认字时，就是一个字一个字地学。刚开始学会阅读句子或者整段的文字时，我们被父母或者老师要求用手指着一个字、一个字地读。

所以，在普通的阅读模式下，眼睛的聚焦范围一般是一个字或者一个词语。也就是说当我们在阅读时，如果眼睛正在看"此处"时，旁边的内容都是模糊的。此时，眼睛的聚焦范围是很小的，只有一个字、一个词语或者几个词语。

可能有人会反对：不对啊，整页的内容我都可以看清。

那是你的眼睛随着文字移动，在移动的过程中，聚焦清晰的范围随着眼球的运动而运动。而在每一个瞬间，眼睛的视野范围并没有扩大。

那怎样才能扩大眼睛的视野呢?

讲简单点,就是把聚焦点放到更远处。说起来很简单,但实际操作起来并不容易。

有一个比较类似的动作。大家还记得上一章提到的三维立体画吗?这类画乍看是一堆乱七八糟的颜色,但是从中能看出一个从纸上立体凸显出来的画。

很多人不会看三维立体画,怎么教、怎么练也不会,其实他们就是不会把自己眼睛的聚焦放在比纸张页面更远的地方。

我们看东西的习惯是盯着哪里,聚焦的点就在哪里。现在要做的是盯着离眼睛30厘米的地方,却要把眼睛的聚焦点放到60厘米甚至更远的地方。这时候很多人就完全无法理解这到底是什么意思了。

我们来说一些被业界认可的训练方法。

舒尔特表训练法

5	20	9	18	14
22	25	1	8	24
15	6	13	19	4
11	2	16	21	12
17	7	10	3	23

这是一个 5×5 的舒尔特表。

很多人拿舒尔特表做专注力的训练，这跟我们这里要说的训练方法是完全不同的。我一点点说，大家一点点试。我力图通过文字描述让大家理解如何通过舒尔特表训练视野扩大。

首先我们盯住正中心的数字 13。

它位于整个表格的正中间，我们盯着它的时候，周边所有的数字都是模糊的。

这时也许还会有人反对：不模糊啊，我能看清啊！能看清是因为你的眼球动了，焦点从 13 移动到了其他数字的位置。

正确的观看方式是眼睛只盯着正中间的 13，然后慢慢调整眼球的聚焦点，使得周边的 8 个数字也慢慢变清楚。

记住，在看清周边数字的时候，要保证眼睛盯住的中心点始终在数字 13 的位置。

如果你已经做到了，那就再进一步，把最外围的 16 个数字也看清楚。这对于没有经过训练的人来说，已经很难了。可能你总是忍不住去移动眼球，没关系，如果在训练的过程中能够意识到这一点，能够及时地把眼睛的焦点移回到正中间数字 13 的位置上就可以。训练一段时间以后，就会慢慢适应这种感觉了。

十字箭头训练法

这一训练法的原理和舒尔特表基本相同，只是把训练的内容从表格变成了箭头。

如下图所示。

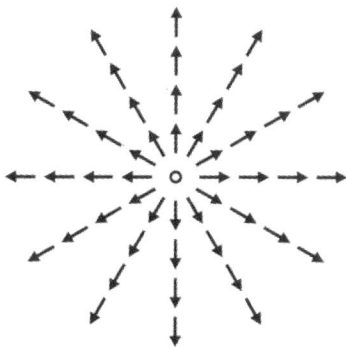

训练方法：用眼睛先盯住最中心的箭头，然后慢慢调整眼睛的聚焦，直到能够看清楚第二层的箭头。当第二层变得清楚以后，再次调整眼睛的聚焦范围，使得下一个外层的箭头也变得清楚。

刚开始训练时，当眼睛盯住正中心箭头时，可能外面几层的箭头很难看清。这时可以将眼睛与书的距离稍稍拉远，并努力调整眼睛的聚焦范围。训练一段时间后，自然能够做到。

除了这种十字箭头，还有一些其他的图形也可以用来训练视野扩大。

如下图所示。

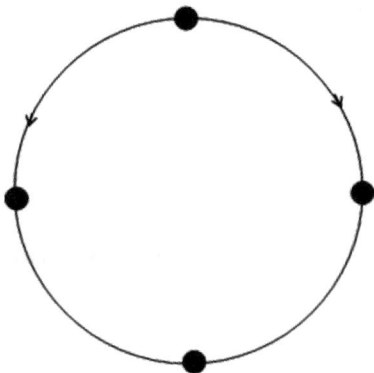

这个图形的使用方法是：先用眼睛盯住最上方的黑点，然后两眼视野的焦点分别沿着左右两边的箭头向下移动，一直到能够同时看清中间的两个黑点。

不是左右来回看，而是同时从左右两个方向慢慢向下移动。

这种感觉找着了就是找着了，没找着也不能强求，只能慢慢去感受。

软件训练法

现在有很多视野扩大训练软件。

训练时屏幕上会出现各种符号和简单的词语。它们在屏幕上显示的距离越来越大，直至能够点满整个屏幕的宽度。

软件训练的好处是变主动训练为被动训练。我们用卡片、纸等印刷类材料训练找不到感觉的时候，可以通过软件训练来强制自己的眼睛跟随软件的节奏。

综合训练

字符阅读训练

字符阅读，就是从刚才的无意义字符的阅读，转为有意义的字符的阅读。

可从单字的训练开始，也可以从两个字的词语开始。

如下图所示。

喜酒	七彩	政界	随员	乳剂	到任
落日	不但	进纸	盛誉	节气	专任
无从	无极	花环	两侧	否则	截去
平平	过夜	求婚	击水	一派	受骗
肆行	警钟	布施	朝阳	赫然	整容
英勇	荒芜	我们	泰州	悲痛	豆豉
赤忱	专断	东莞	二胡	警觉	列队
美人	赤潮	布景	面试	彗星	隔板
电视	西瓜	难过	父母	折磨	永乐
接听	输入	热情	伟岸	委婉	经常

这类材料的训练，要求眼睛在快速扫描页面上的词语时，只要能够扫描到词语就可以，不需要记忆也不需要理解。

那怎么知道有没有扫描到呢？

一般常用的测试方法是：从中随意抽出一个词语（或者是没有出现过的词语），来回忆这个词语在刚才的页面中是否出现过。

训练完二字词后，再逐步增加到三字词、四字词及五个字或者更多字的短句。

以下是一些训练的示范单页。

风景线	本命年	冷飕飕	空荡荡
麻麻亮	鹅卵石	霓虹灯	汨罗江
白洋淀	迫击炮	冼星海	试帖诗
年轻人	想象力	潜意识	侦察兵
度假村	挖墙脚	佼佼者	闭门羹
可怜相	橘子洲	国子监	黑黝黝
黑魆魆	显像管	轩辕氏	万户侯
挪窝儿	肩胛骨	敲竹杠	潜台词
碧纱橱	梳妆匣	典型化	殊不知
天然气	辩证法	机械化	计算机
神经病	色情狂	制度化	共同体
西红柿	地主婆	新消息	白茫茫

五谷丰登	哄堂大笑	弱肉强食
指手画脚	九牛一毛	过眼云烟
钩心斗角	志同道合	日积月累
枯木逢春	小题大做	出尔反尔
轰轰烈烈	纹丝不动	另眼相看
丰功伟绩	举世闻名	寿比南山
求之不得	一知半解	天高云淡
千变万化	吞吞吐吐	隐隐约约
刨根问底	焦头烂额	显而易见
度日如年	四面八方	后继有人
欢天喜地	情深意长	无从下手
痛心疾首	三心二意	人山人海

皮笑肉不笑	天高皇帝远	久旱逢甘霖
真人不露相	换汤不换药	名师出高徒
先下手为强	难于上青天	知子莫若父
礼轻情意重	无可无不可	十万八千里
一碗水端平	病急乱投医	照葫芦画瓢
女大不中留	送佛送到西	汉贼不两立
杀人不眨眼	狮子大开口	不知者不罪
杀人不见血	水火不相容	吹胡子瞪眼
群起而攻之	新文化运动	旧石器时代
人民检察院	枪打出头鸟	有机化合物
国际儿童节	海洋性气候	放射性物质
马拉松比赛	宽银幕电影	不记名投票

两岸青山相对出	轻舟已过万重山
儿童相见不相识	忽闻岸上踏歌声
烟花三月下扬州	桃花潭水深千尺
笑问客从何处来	借问酒家何处有
但使主人能醉客	少小离家老大回
朝辞白帝彩云间	乡音无改鬓毛衰
日照香炉生紫烟	玉碗盛来琥珀光
清明时节雨纷纷	路上行人欲断魂
不及汪伦送我情	故人西辞黄鹤楼
唯见长江天际流	孤帆远影碧空尽
孤帆一片日边来	疑是银河落九天
遥看瀑布挂前川	飞流直下三千尺
不知何处是他乡	两岸猿声啼不住
天门中断楚江开	李白乘舟将欲行
碧水东流至此回	牧童遥指杏花村
千里江陵一日还	兰陵美酒郁金香

我们从上面的这些训练页面中可以看到，训练的素材由6列到4列，最后到3列，最终要达到的目标是2列。

也就是说，每一行只需要看两眼，眼睛只需要动一下就能完成。当整页的文章内容出现在眼前的时候，之前读完一行可能需要4次（动3次眼），而现在只需要动一次眼就能完成了。

下图是在实际阅读一篇文章（一页文字）时，动眼3次（即每行要看4次）的阅读体验效果。

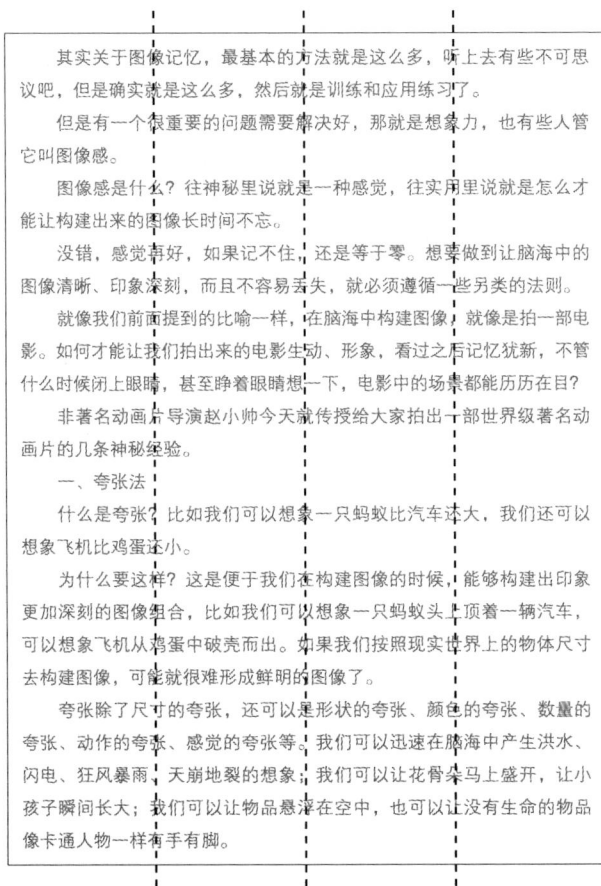

其实关于图像记忆，最基本的方法就是这么多，听上去有些不可思议吧，但是确实就是这么多，然后就是训练和应用练习了。

但是有一个很重要的问题需要解决好，那就是想象力，也有些人管它叫图像感。

图像感是什么？往神秘里说就是一种感觉，往实用里说就是怎么才能让构建出来的图像长时间不忘。

没错，感觉再好，如果记不住，还是等于零。想要做到让脑海中的图像清晰、印象深刻，而且不容易丢失，就必须遵循一些另类的法则。

就像我们前面提到的比喻一样，在脑海中构建图像，就像是拍一部电影。如何才能让我们拍出来的电影生动、形象，看过之后记忆犹新，不管什么时候闭上眼睛，甚至睁着眼睛想一下，电影中的场景都能历历在目？

非著名动画片导演赵小帅今天就传授给大家拍出一部世界级著名动画片的几条神秘经验。

一、夸张法

什么是夸张？比如我们可以想象一只蚂蚁比汽车还大，我们还可以想象飞机比鸡蛋还小。

为什么要这样？这是便于我们在构建图像的时候，能够构建出印象更加深刻的图像组合，比如我们可以想象一只蚂蚁头上顶着一辆汽车，可以想象飞机从鸡蛋中破壳而出。如果我们按照现实世界上的物体尺寸去构建图像，可能就很难形成鲜明的图像了。

夸张除了尺寸的夸张，还可以是形状的夸张、颜色的夸张、数量的夸张、动作的夸张、感觉的夸张等。我们可以迅速在脑海中产生洪水、闪电、狂风暴雨、天崩地裂的想象；我们可以让花骨朵马上盛开，让小孩子瞬间长大；我们可以让物品悬浮在空中，也可以让没有生命的物品像卡通人物一样有手有脚。

二、颠倒法

就是可以任意颠倒现实中的事实和逻辑，鸡蛋可以砸碎石头，羽毛可以削断宝剑，鱼不一定要生活在水里，鸟儿可以在火中自由地飞翔。只要你敢去想象，一切都可以在你的脑海中真实地存在。

三、感官法

这一点是说我们在想象图像的时候，最好能把感觉加进去。比如声音的刺耳、水的冰凉、火的炙热、风的凛冽、刀割时的疼痛、血流出的血腥、转动时的眩晕、电击时的抽搐。包括在构建图像中出现的各种花香、音乐、美食以及喜怒哀乐、恐惧、恶心、饥饿、寒冷等感受都可以加进图像中。

这些感觉都能帮助我们加深所构建图像的印象。

四、镜头法

就是在构建图像的时候，想象所构建的图像被投影到一个屏幕上，我们可以任意地拉近镜头对某些部位来个特写，也可以随意推远镜头来观看一个场景的全貌。

我们可以上下左右平移镜头，来跟踪物品的动作变化以及之前、之后的衔接。这种方法对串联记忆多个元素时非常有效果。（镜头法的具体使用详见《超级记忆：打造自己的记忆宫殿》。）

总之可以概括为一个原则：在我们的脑海中，没有什么是不可能的。不要去关注想象出来的事情有没有道理，能帮助我们记忆的想象就是最正确的想象。

有了这四种技法，我相信你再去拍电影的时候，一定能够拍出更加生动、精彩的电影片段，它们将为你的快速记忆之路插上一双坚硬的翅膀。

下图是动眼两次的阅读体验效果。

其实关于图像记忆，最基本的方法就是这么多，听上去有些不可思议吧，但是确实就是这么多，然后就是训练和应用练习了。

但是有一个很重要的问题需要解决好，那就是想象力，也有些人管它叫图像感。

图像感是什么？往神秘里说就是一种感觉，往实用里说就是怎么才能让构建出来的图像长时间不忘。

没错，感觉再好，如果记不住，还是等于零。想要做到让脑海中的图像清晰、印象深刻，而且不容易丢失，就必须遵循一些另类的法则。

就像我们前面提到的比喻一样，在脑海中构建图像，就像是拍一部电影。如何才能让我们拍出来的电影生动、形象，看过之后记忆犹新，不管什么时候闭上眼睛，甚至睁着眼睛想一下，电影中的场景都能历历在目？

非著名动画片导演赵小帅今天就传授给大家拍出一部世界级著名动画片的几条神秘经验。

一、夸张法

什么是夸张？比如我们可以想象一只蚂蚁比汽车还大，我们还可以想象飞机比鸡蛋还小。

为什么要这样？这是便于我们在构建图像的时候，能够构建出印象更加深刻的图像组合，比如我们可以想象一只蚂蚁头上顶着一辆汽车，可以想象飞机从鸡蛋中破壳而出。如果我们按照现实世界上的物体尺寸去构建图像，可能就很难形成鲜明的图像了。

夸张除了尺寸的夸张，还可以是形状的夸张、颜色的夸张、数量的夸张、动作的夸张、感觉的夸张等。我们可以迅速在脑海中产生洪水、闪电、狂风暴雨、天崩地裂的想象；我们可以让花骨朵马上盛开，让小孩子瞬间长大；我们可以让物品悬浮在空中，也可以让没有生命的物品像卡通人物一样有手有脚。

二、颠倒法

就是可以任意颠倒现实中的事实和逻辑，鸡蛋可以砸碎石头，羽毛可以削断宝剑，鱼不一定要生活在水里，鸟儿可以在火中自由地飞翔。只要你敢去想象，一切都可以在你的脑海中真实地存在。

三、感官法

这一点是说我们在想象图像的时候，最好能把感觉加进去。比如声音的刺耳、水的冰凉、火的炙热、风的凛冽、刀割时的疼痛、血流出的血腥、转动时的眩晕、电击时的抽搐。包括在构建图像中出现的各种花香、音乐、美食以及喜怒哀乐、恐惧、恶心、饥饿、寒冷等感受都可以加进图像中。

这些感觉都能帮助我们加深所构建图像的印象。

四、镜头法

就是在构建图像的时候，想象所构建的图像被投影到一个屏幕上，我们可以任意地拉近镜头对某些部位来个特写，也可以随意推远镜头来观看一个场景的全貌。

我们可以上下左右平移镜头，来跟踪物品的动作变化以及之前、之后的衔接。这种方法对串联记忆多个元素时非常有效果。（镜头法的具体使用详见《超级记忆：打造自己的记忆宫殿》。）

总之可以概括为一个原则：在我们的脑海中，没有什么是不可能的。不要去关注想象出来的事情有没有道理，能帮助我们记忆的想象就是最正确的想象。

有了这四种技法，我相信你再去拍电影的时候，一定能够拍出更加生动、精彩的电影片段，它们将为你的快速记忆之路插上一双坚硬的翅膀。

最终我们要达到的效果是只动一次眼球，每行只看左右两眼。如下图所示。

其实关于图像记忆，最基本的方法就是这么多，听上去有些不可思议吧，但是确实就是这么多，然后就是训练和应用练习了。

但是有一个很重要的问题需要解决好，那就是想象力，也有些人管它叫图像感。

图像感是什么？往神秘里说就是一种感觉，往实用里说就是怎么才能让构建出来的图像长时间不忘。

没错，感觉再好，如果记不住，还是等于零。想要做到让脑海中的图像清晰、印象深刻，而且不容易丢失，就必须遵循一些另类的法则。

就像我们前面提到的比喻一样，在脑海中构建图像，就像是拍一部电影。如何才能让我们拍出来的电影生动、形象，看过之后记忆犹新，不管什么时候闭上眼睛，甚至睁着眼睛想一下，电影中的场景都能历历在目？

非著名动画片导演赵小帅今天就传授给大家拍出一部世界级著名动画片的几条神秘经验。

一、夸张法

什么是夸张？比如我们可以想象一只蚂蚁比汽车还大，我们还可以想象飞机比鸡蛋还小。

为什么要这样？这是便于我们在构建图像的时候，能够构建出印象更加深刻的图像组合，比如我们可以想象一只蚂蚁头上顶着一辆汽车，可以想象飞机从鸡蛋中破壳而出。如果我们按照现实世界上的物体尺寸去构建图像，可能就很难形成鲜明的图像了。

夸张除了尺寸的夸张，还可以是形状的夸张、颜色的夸张、数量的夸张、动作的夸张、感觉的夸张等。我们可以迅速在脑海中产生洪水、闪电、狂风暴雨、天崩地裂的想象；我们可以让花骨朵马上盛开，让小孩子瞬间长大；我们可以让物品悬浮在空中，也可以让没有生命的物品像卡通人物一样有手有脚。

二、颠倒法

就是可以任意颠倒现实中的事实和逻辑，鸡蛋可以砸碎石头，羽毛可以削断宝剑，鱼不一定要生活在水里，鸟儿可以在火中自由地飞翔。只要你敢去想象，一切都可以在你的脑海中真实地存在。

三、感官法

这一点是说我们在想象图像的时候，最好能把感觉加进去。比如声音的刺耳、水的冰凉、火的炙热、风的凛冽、刀割时的疼痛、血流出的血腥、转动时的眩晕、电击时的抽搐。包括在构建图像中出现的各种花香、音乐、美食以及喜怒哀乐、恐惧、恶心、饥饿、寒冷等感受都可以加进图像中。

这些感觉都能帮助我们加深所构建图像的印象。

四、镜头法

就是在构建图像的时候，想象所构建的图像被投影到一个屏幕上，我们可以任意地拉近镜头对某些部位来个特写，也可以随意推远镜头来观看一个场景的全貌。

我们可以上下左右平移镜头，来跟踪物品的动作变化以及之前、之后的衔接。这种方法对串联记忆多个元素时非常有效果。（镜头法的具体使用详见《超级记忆：打造自己的记忆宫殿》。）

总之可以概括为一个原则：在我们的脑海中，没有什么是不可能的。不要去关注想象出来的事情有没有道理，能帮助我们记忆的想象就是最正确的想象。

有了这四种技法，我相信你再去拍电影的时候，一定能够拍出更加生动、精彩的电影片段，它们将为你的快速记忆之路插上一双坚硬的翅膀。

消声的处理

提起消声，不同机构在培训时会提供不同的训练方式。实际上在训练时，能够收到效果的并不多，特别是对成人的效果更是微乎其微。

难道这些训练没有作用吗？

不是的。

如果真的没有用，消声这事我压根儿不提了。这里，我只想跟大家分享一种简单、好学、容易上手的消声处理方式。

这个方法我曾经在《超级记忆：破解记忆宫殿的秘密》那本书中故意留了个包袱，说主人公得到了一个锦囊，他打开锦囊后阅读的速度很快就提高了很多倍。

很多读者联系我，问我这个锦囊的内容到底是什么。

其实，这锦囊只有一句话。

这句看上去特别像是忽悠的话是：

永远用略超过你理解能力的速度去读。

就这16个字，也好意思号称是"消声的锦囊"？但事实上，很多人靠这个方法做到了。下面就来详细解读一下这16个字的意思。

其实每个人的声读都是从小就养成的习惯，要想改变这种习惯谈何容易。对于成人更是如此，所以年龄越小，做消声训练的效果越好。

成人更适合的应该是这种倒逼的方式，就是不要去管自己在阅读的过程中是不是有发声的现象，只是逼着自己去提高阅读的速度。

人在声读的时候，因为受发声器官的影响，阅读速度如果能达到每分钟500字，差不多就是极限了。因为发声器官阅读音节的速度达到每分钟300字时就已经很快了，如果真达到每分钟500字，基本就已经听不清是什么了。

这时候，我们给自己的大脑下个指令"继续加速"。如果真能做到继续加速，那发声器官就必须逼着自己把一些不重要的字忽略不再发声。

比如下面一段文字。

这种声读模式有个很显著的特点，在阅读的时候，声带是有振动出现的。在阅读的时候，

我们可以把手指轻轻按压在喉结部位，或者在阅读的时候仔细感受自己鼻腔的后部，随着我们的眼睛在页面的文字上移动，喉结和鼻腔后部会有同步的振动出现。

当阅读的速度强制提高以后，大脑自动屏蔽掉它认为不重要的文字（下图中灰色的部分），只留下相对比较重要的文字（下图中黑色部分）。

这种声读模式有个很显著的特点，在阅读的时候，声带是有振动出现的。在阅读的时候，我们可以把手指轻轻按压在喉结部位，或者在阅读的时候仔细感受自己鼻腔的后部，随着我们的眼睛在页面的文字上移动，喉结和鼻腔后部会有同步的振动出现。

这时，如果继续提高速度，那么大脑就会被迫再屏蔽掉一些不重要的词语。

这种声读模式有个很显著的特点，在阅读的时候，声带是有振动出现的。在阅读的时候，我们可以把手指轻轻按压在喉结部位，或者在阅读的时候仔细感受自己鼻腔的后部，随着我们的眼睛在页面的文字上移动，喉结和鼻腔后部会有同步的振动出现。

如果继续提高速度，那大脑就会继续再一次忍痛割爱，把自己认为虽然也很重要但相对其他文字来说略显不重要的词语屏蔽。

这种声读模式有个很显著的特点，在阅读的时候，声带是有振动出现的。在阅读的时候，我们可以把手指轻轻按压在喉结部位，或者在阅读的时候仔细感受自己鼻腔的后部，随着我们的眼睛在页面的文字上移动，喉结和鼻腔后部会有同步的振动出现。

现在大家可以来做一个对比。

全文110字，而现在大脑发声器官能够发声的只剩下33字。已经有大部分的文字不发声了，可以大概地理解为我们的阅读速度已经提高了3~4倍。

锦囊中这句话的原理就是这样的。

那怎么掌握这个度呢？

就是原文说的：永远用**略超过你理解能力**的速度去读。

比如，按你之前的阅读习惯，阅读速度是每分钟500字左右，那就自己强行把阅读速度提高到每分钟700~800字。这时候阅读的理解能力会下降，也就是说原来能做到100%完全理解，阅读速度提高后理解能力会下降到70%~80%。

没关系，只要你能坚持按这个速度阅读，阅读几万字以后，大脑就会自然地适合这个阅读速度，理解能力会慢慢地提升到90%甚至100%。

关键的问题来了。

当你在阅读时突然感觉自己的理解能力接近100%时，记得提醒自己，给自己一个暗示：加速！

只要感觉自己理解能力上来了，就要提醒自己加速。只要感觉理解能力上来了，就要提醒自己加速。

记住：**永远用略超过自己理解能力的速度去读。**

只要你能坚持用这个方法去阅读，那么每阅读3万~5万字的内容（可能有些人适应能力慢一些，每阅读10万字左右会提升一个量级，进步的速度因人而异），阅读速度就会提高10%~30%。如果能坚持用这种方法阅读10本书（字数15万~30万），那阅读速度提高到每分钟2500~5000字是完全有可能的。

对于成人来说，阅读速度能达到每分钟3000字左右，我个人觉得就已经能满足日常阅读和学习的需要了。 一本300页左右的书，一般字数在15万~30万。也就是说一般的书用这个速度可以轻松在1~2小时内阅读完。

这个阅读速度应该已经让很多人羡慕了。如果每天能拿出1小时来阅读，那一年后会发生什么呢？

好吧，就算你很忙， 没有办法一天拿出1小时，那每周拿出1小时阅读也可以。

一年后会发生什么呢？

这个问题留作后面的章节为大家解开。

眼动速读的注意事项

前面给大家介绍了消声的锦囊，虽然我尽可能地解释得详细一些，但我相信仍然有很多读者表示不屑或者不服。

就算你很崇拜、很信任这个锦囊，在实际执行的时候，你仍然会遇到很多问题。

最严重的问题就是：**这样的阅读模式让人感觉特别累。**

对很多人来说，阅读本来是件非常愉快的事情，甚至对有些人来说，阅读是一件很享受的事情，属于自己娱乐、消遣、休闲的一种方式。

但是现在逼着自己加快速度阅读后，大脑会感觉特别累，原来的阅读乐趣没有了。不但没有乐趣了，阅读变成了受罪。我原来是把阅读当享受的，现在阅读的乐趣没有了，那这件事情值得还是不值得呢？

这就是本节要解决的问题。

这里又要回归我们在前面的章节提到的一个名词：潜意识。

潜意识追求快乐原则，一旦它感受不到快乐了，潜意识就会跑掉，去寻找新的快乐。

所以，在阅读时，一旦潜意识跑了，那阅读的效率和大脑的理解能力也会下降，所以我们要想办法让潜意识快乐。

就像哄孩子学习一样，一味地让孩子坐在那里读书、写字，很快孩子就会厌烦，所以我们就要时不时地提醒一下孩子，或者和他们玩一个几分钟的小游戏，或者讲个笑话、开个玩笑，总之分散一下他们的注意力，这样潜意识就能再次回来了。

那在阅读时怎么让潜意识快乐呢？

很简单。

当在阅读时发现自己特别感兴趣的内容时，就放慢速度，认真地读，慢慢地读，用自己喜欢的速度去读。

这是解决办法吗？是的，简单到完全不能让人相信，但它真的有效果。

但是这种模式不适合阅读文学作品。因为文学作品从头到尾全是故事情节，如果喜欢某个作家的作品，那往往是从头到尾都喜欢。如果从头到尾地享受，那就别指望提高阅读速度了。

但是对于学习类、知识类、理念类的书，大部分内容相对来说是枯燥无味的，我们阅读的目标是学习和汲取作者的理念和观点、方法等。这种情况下，80%的内容是非常枯燥的，除非有人能把专业的知识讲成吸引人的故事。

所以在阅读这些学习型书籍的时候，可以只在特别有意思的地方停下步伐，如作者提到的一些例子或特别好笑的段子。

不管怎样，我个人建议，在阅读整本书的过程中，这种用于享受的阅读内容不要超过20%。

当在阅读时发现自己看不懂、无法理解的内容时，可以适当跳过，先阅读后面的内容。如果阅读过程中发现极其枯燥无味的内容也可以适当跳过。

这里有个关键词叫 **"适当"**。

适当是什么意思？

当遇上理解不了的内容时，适当跳过。有些知识，当我们只是看到一些片面的时候，不好理解它的真正意思，但是随着后续内容一点点地增加，大脑中的知识框架会与前面已经理解的内容不断叠加和重组，前面不理解的内容可能突然就理解了。

另外，对于有些特别枯燥的内容，在不太影响对整体知识框架的理解时，可以适当跳过。这样做的目的，是防止在阅读过程中出现烦躁和抗拒情绪，就是前面我们提到的潜意识逃避。一旦这种现象出现，阅读的效率也就是大脑接收的效率会大幅降低。

所以，当某些内容感觉太枯燥无聊的时候，可以适当跳过。

当然，一个好的作者在创作一本书的过程中，是会尽可能避免这种现象出现的，除非是《新华字典》《英汉大词典》或者类似的工具书。这个我们前面也提到过，有些书是用来读的，有些书是用来学的，有些书是用来研究的，有些书是用来查询的，我们面对不同的书要有不同的原则，这样就能更好地解决这个问题。

当然，不管是因为看不懂、理解不了，还是由于太过于枯燥读不进去，允许跳过的内容一定是有限的。所以，这里用了这个关键词"适当"。

如果违背了"适当"这个原则，性质和效果就不一样了。大部分内容都跳过去了，就算是神仙也不知道作者写了什么。那就不叫阅读了，叫快速浏览。

所以，这个度怎么掌握？

我个人的建议还是遵从二八法则：**跳过的内容不要超过整体内容的20%。**

当然，还有另外一种情况可以大面积地跳过。

就是在阅读的时候，发现作者讲的某个知识点是自己已经掌握和熟悉的。比如在读这本书的时候，你自己就是心理学专家，所以对于前文所讲的有关"潜意识"的部分就可以直接跳过。因为我所讲述的内容可能还没你理解得透彻，还没有你理解得有深度。因为我毕竟不是心理学专家，但毕竟这本书不是专门面向心理学专家的，而是面向普通读者的。

很多书都会出现类似的情况，这时候就可以直接大篇幅地跳过了。

最后还有一个很关键的问题。就是当整本书阅读完成后，我们需要翻开目录，回忆当初因为上述原因跳过了哪些章节。

如果跳过的是不理解、看不懂的内容，这时需要重新去阅读，看看是否已经能够理解，因为你的大脑中已经有了后面更多知识点的叠加。

如果是因为太枯燥而跳过的内容，这时候也重新翻看一下，来确认这些跳过的枯燥内容是否影响你对整本书知识框架的理解。

如果有影响，那就咬着牙看吧，毕竟多少还是有用的。如果对整体的理解几乎没有太大的影响，那就直接放弃吧。

第五章
结构化速读

CHAPTER 5

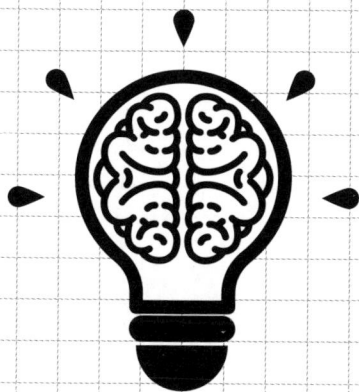

思维导图阅读法

什么是结构化速读

结构化速读就是思维导图速读，只是不同的人对它的命名不同而已。

为什么这么叫？因为这种阅读模式的核心是：**内容的结构化。**

什么意思？

结构化阅读就是在阅读的时候，从文章或者整本书的结构看起，按照由大到小、由粗到细，由框架到分支、由整体到局部的思路去阅读。这种思路是完全按照思维导图的思路来完成的，因此，也有人管这种阅读模式叫"思维导图阅读"。

这是我认为最适合成人学习和练习的速读模式。为什么？

因为像影像阅读这样的阅读模式，虽然理论上成人也有可能训练出来，但是概率极低。

上一章所说的眼动速读算是比较可行的，但是从这几年培训的情况来看，对于成人的训练效果也很一般；对10岁以下的孩子训练的效果最好，其次是10~15岁的少年；超过15岁后的效果就会大打折扣了。

为什么会这样？

这源于我们从小养成的阅读习惯。我们从小就被教育读书要认真，要一个字一个字地读，不能一目十行，要读出声来。这些习惯一旦养成，想要改正，谈何容易。

所以，对成人而言，最适合的阅读模式应该是基于思维导图的结构化阅读模式。

这也是这一章讨论的重点。

思维导图阅读

到底什么是思维导图的阅读模式?

要想说清这个问题,我们就要先了解什么是思维导图。(在我的另一本书《思维导图:快速提升学习力的75个基本》中对思维导图的相关知识和应用有详细的介绍,这里我们只简单介绍一下,以方便理解。)

思维导图,就是以一个关键词或者一个核心观点为中心,逐渐向四周发散,并慢慢形成一个围绕中心的次生观点或者分支,并在此基础上进一步发散和细化。

那这和我们要讨论的快速阅读有什么关系呢?

阅读理解的过程其实和思维导图的形成过程非常相似。

我们要理解一本书的内容,最好的模式就是:从这本书的中心观点出发,并按照作者提出的各个观点,形成一个大概的轮廓,随着阅读的进行让各大轮廓逐步细化。

所以,思维导图阅读模式就是按照作者的观点,从整本书的大框架开始,逐步细化进行阅读的模式。

具体的操作方法我们会在下一章中详细解释。

BOI的概念及阅读前的工作

什么是BOI？

这是思维导图中的一个概念，英文全称是"Basic Order Ideas"，可以翻译为"基本顺序思维"，理解起来就是**中心思想框架**或者是**核心思维纲要**。

还是那句话，名称不重要，重要的是如何利用这个概念，帮助我们更好地快速阅读。

为什么要在快速阅读的课程中提到BOI这个概念？

这和结构化阅读有很大的关系。

BOI是什么时候形成的？严格地讲，在作者写一本书之前就形成了，就是说，作者在计划写一本书之前，首先要构思好一本书的BOI，即先要构思好一本书的框架，然后再根据框架来写这本书。

所以，BOI是先于一本书而形成的。如果读者能够在阅读前就很好地抓住作者的BOI，那这次的阅读就是非常成功的，而且是非常高效的。

这里似乎形成了一个悖论：书还没写，BOI已经形成，是因为作者在自己的头脑中很好地构思了这本书，这个还是能理解和接受的。但是书还没读，如何才能感知到作者的BOI呢？这个似乎是不可能的。

其实也有办法，而且办法还非常简单。这个方法在这本书一开始的时候我就曾经提过，那就是巧妙地应用一本书的目录。

很多人在阅读时容易忽略目录，也许只有在查阅一些手册资料的时候才会翻看书的目录。其实任何一本知识类、理念类的书的目录，都是作者BOI的一种体现。

但是，我相信很多读者朋友肯定有一个疑问：即使我能看懂（其实仅仅是认识字）作者的目录，我又如何能真正理解每条目录所代表的意思呢？

答：不能。

那我为什么还要做这项看似无用的工作呢？

答：必须做。

如何能更好地理解一首古诗所带给我们的意境呢？

最好的办法是：把自己当成诗人。

钱雷老师在给孩子们讲解古诗记忆的时候，问的第一个问题就是"这首诗是谁写的"，这时候孩子们就会齐声回答"我写的"。

同样，我们在阅读一本书的时候，也要把自己当成作者。把自己当成作者，就是试图找到作者在写这本书之前的心态和想法。当这本书还没有开始写的时候，作者脑子里在想什么？

肯定在想：这本书我应该如何写呢？然后呢？

我要从这个、这个、这个等几个方面去写。这里所说的"这个、这个、这个等"其实就是一本书的目录。

作者构思一本书的过程一般是这样的：

首先确认一本书的主题，这就相当于思维导图的中心主题，也就是书的题目或者是方向。

其次整体考虑这本书准备写几个大的部分或者篇章，这就相当于思维导图的第一级分支，也就是一本书的主目录或者叫一级目录。

最后再考虑每一个大的部分或者篇章分别计划写哪些内容，这就相当于思维导图的第二级分支，也就是目录中的二级目录或者叫章节目录。当然还有的作者会考虑得更详细，每个章节中会大约计划写哪些观点、举哪些例子等。

那么在大脑中形成的这个从大到小、从整体到部分、从概况到细节的书写计划（其实就是一张思维导图）就是这里要说的核心概念"BOI"。

作为读者，我们虽然没有办法准确地知道作者在构思一本书时的BOI是什么，但我们仍然可以通过作者列好的目录找到作者的BOI。

因此，在阅读目录的时候，我们要模拟作者构思这本书的过程，按照从大到小、从整体到部分、从概况到细节的模式去阅读。

先整体地了解这本书的核心观点是什么，再了解作者主要讲述了哪几个大的问题，最后详细了解每个问题分别讲了哪些内容。

可能有些朋友会说：仅仅通过看目录，有时候很难看清这些问题，因为有些目录实在是太简单了，根本看不到细节的东西。

没有关系，阅读目录时我们尝试像作者一样思考就可以了。看到目录中的某一条，就按自己的思路去思考和假设："作者会在这个章节讲些什么呢？"

有了这个过程，我们就能带着问题和目的去阅读，大脑对知识的接受能力和理解能力就会有很大程度的提升。

结构化速读的过程及阅读后的归纳总结

前文所说是如何有效地阅读一本书的目录。那一本书的正文又该如何阅读呢？

一页页地读？

错！那就不叫结构化阅读了。

在进行结构化阅读的时候，我们完全可以打破一本书的前后顺序，按照自己对目录的理解来阅读。

当然，如果你对书中的很多观点感到非常陌生，感觉一头雾水的时候，仍然可以按照作者的书写顺序（其实不一定是作者的书写顺序，只是书本的编印顺序）来读。

在这里提醒大家，我们完全可以打破这种顺序阅读的模式，大胆地按照自己的理解来有选择性地阅读。

有些书可能前面的知识和观点对后面的影响很大，但是大部分书打破原有的顺序去阅读，对我们理解作者原本的意思影响不大。

当然这里我们也再次友情提醒大家：**此阅读模式不适合文**

学作品。

因为文学作品的书写本身就是按顺序思维模式来书写的，一旦打破顺序思维，故事的连续性和情节的前后关联就显得异常乱。

当然也有特例。这里也给大家介绍一本很特殊的书，供大家消遣之用。

这本书的名字叫《作品第一号》，作者是法国作家马克·萨波塔。

这是目前世界上唯一的一本扑克牌式小说，全书151页，没有页码，像扑克牌一样无须装订，装在一个封套里。每一页就相当于一张扑克牌，每页500~700字，每页的故事可独立成篇，恰似一篇篇微型小说。但把所有的故事连起来读，又成为一部书，读起来像是"长篇连载"。

每次阅读前，可以像洗扑克牌那样将所有单页放在一起洗乱。每洗乱一次，便可以得到一个全新的故事，于是这部小说也被称为"一本一辈子也读不完的小说"。

其实，在进行结构化速读的过程中，完全可以按照自己对目录的理解或者自己的喜好来阅读。想怎么读就怎么读，想先看哪一页就先看哪一页。前提是自己的脑海中要有作者的BOI，也就是要有一个自己理解的框架。

结构化速读完成之后，总结显得尤为重要。

总结是什么？

就是在整本书阅读完成之后，重新按照自己的理解把整本书的内容总结一遍。

怎么总结？

我们一般建议的方法是思维导图总结法，就是用思维导图把整本书再画一遍。

详细的操作方法在下一章节中介绍。

结构化速读的时间把握

结构化速读是时间把控最自由的一种阅读方法。

拿到一本书，我们不是要求应该在多长时间内阅读完这本书，而是反过来进行控制。

什么意思呢？

就是当我拿到一本书的时候，我首先问自己："我有多长时间可以用来阅读这本书？"

如果我有1小时的时间来阅读，那就要把前言、目录详细地阅读，内容用最短的时间泛读，个别的章节跳过。

如果有2小时甚至更长时间来阅读，就可以读得更详细一些。

如果只有半小时的时间，那就挑重要的章节阅读，跳过大部分的章节。

如果只有5分钟或者10分钟时间阅读呢？那就只能看看前言、目录，正文用影像阅读法翻一遍。

所以，结构化阅读真的是一种非常自由的阅读模式。只要在阅读过程中能够根据作者的目录在大脑中形成一个大概的BOI模型，这本书的精华就已经被我们吸收了。

至于怎么读，花多长时间读，你怎么喜欢怎么来吧！

第六章
三遍阅读法

CHAPTER 6

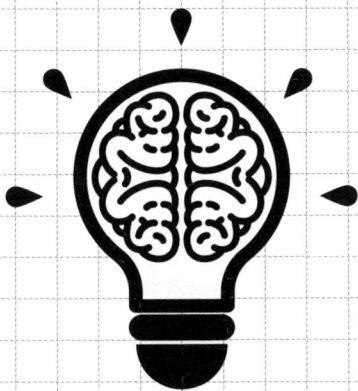

什么是三遍阅读法

什么是三遍阅读法？

这套方法是我的恩师林约韩老师教的，只是为了方便讲解，我给这套方法取了个通俗的名字，叫"三遍阅读法"。

"三遍阅读法"，是"哪三遍"？

第一遍阅读：影像速读

第二遍阅读：眼动速读

第三遍阅读：思维导图阅读

各位读者朋友，如果你有幸读到这里，应该就彻底明白为什么我要花上大半本书的篇幅来给大家介绍一堆连我自己都不太看好的快速阅读的方法和技巧了。

因为我们要正式、隆重、真诚推荐的方法，都是与之前几章所介绍的方法有关系的。

三遍阅读法借鉴了目前比较流行，也比较被业界认可的各种快速阅读的方法，将其精华和适合成人训练应用的部分单独提取出来，并且进行了重新整合。

如此，就形成了接下来我们要详细介绍的这套三遍阅
读法。

阅读前的准备工作

闲话少说，接下来咱们就一起详细说说如何落地应用这套三遍阅读法。

首先在开始三遍阅读之前，我们还有一些准备工作必须要做。

第一步，看封面和封底。

看封面封底的目的是调整心态，找到阅读一本书的理由或者说心理动机。

什么是心理动机？就是以下所列的这些。

我为什么要读这本书？

读这本书的目的是什么？

这本书吸引我的地方在哪里？

我希望通过阅读这本书掌握或者了解哪些内容？

这些都属于阅读动机。

如果分得再详细一些，就是我们阅读这本书希望达到什么样的目标。

为了应对什么类型的考试？

为了掌握什么技能？

为了了解哪些知识？

只是纯属无聊？

我们应该把心理动机调整到什么样的状态呢？

答案是：**想看、很想看、非常想看、现在立刻马上就要看！**

如果能调整到这种状态，那阅读时的心态就非常好了，阅读效果也会大大增强。

怎样才能更好地调整自己的心态呢？

其实很简单，通过阅读一些我们平时阅读时经常会忽略的内容。

哪些内容？

封面、封底、序、目录

这些内容有什么好读的？

的确，这是大部分人在阅读时最不看重的东西。大部分人阅读一本书，一般是翻开书从正文第一页开始读起，很少有人去关注上面的这些内容。

这些内容有什么用呢？

第一步，看封面。

封面上有什么？

一般包括以下几个方面的内容：**书名、副书名、作者、出版社，以及与本书内容有关的配图和宣传性文字。**

书名不用说了，就像人的名字一样，但副书名还是很有讲究的。

近年来，特别是知识类书籍，很多都会有个副书名。

当然文学作品也会有副书名，但文学作品的副书名一般是出现在系列作品的分部中。

比如比较有名的几部作品《暮光之城：月色》《心理大师：罪爱》。

"暮光之城"是系列作品的名字，"月色"是分册的名字。除了"月色"，还有"破晓""暮色"等名。

"心理大师"是系列作品的名字，"罪爱"是分册的名字。除了"罪爱"，还有"模仿者""深渊"等名。

除了这样的副书名外，还有些书的副书名比较有意思。其实并不是副书名有意思，而是正书名取得太有意思，以至于你根本不知道这本书在讲什么，只有看了副书名后才能大概知道这是一本关于哪方面内容的书。

比如有本书叫《看不见的大猩猩》，看到这个题目完全无法猜测这本书是讲什么的，关爱动物、丛林探险，还是神话故事？其实都不是，这本书的副书名叫"无处不在的六大错觉"，原来这是本讲述心理错觉的心理学普及书。

这几年另外一本书卖得也很火，叫《乌合之众》，可能很多读者读过或者知道这本书。它的副书名叫"大众心理学研究"，看到副书名，我们才知道这本书的大概内容。

我和朋友也合作出版了一本书叫《我怎么没想到》。

当时取这个名字时，完全是因为这本书的讲述方式非常符合这个书名，能给人一种"原来如此，我怎么没想到！"恍然大悟的感觉。

可连我自己也没想到的是，居然已经有2本同名书出版，都叫《我怎么没想到》，不过是2本完全不同的书，它们分别是：

《我怎么没想到：显而易见的商业智慧》 作者：罗伯特·厄普德格拉夫

《我怎么没想到：少年发明家的故事》 作者：庄大伟

而我出版的那本叫《我怎么没想到：提高逻辑推理能力的思维名题》，署名是魔法石和牛魔王。

所以，如果不看副书名的话，有时候很难从这些稀奇古怪的书名中知道一本书的类型。

说完了书名和副书名，我们再来说说有关封面和封底的文字说明。

一般情况下，书的封面和封底会出现下面几种类型的文字。

一种是概况性说明，或者宣传这本书的内容的。比如《看不见的大猩猩》的封面上非常醒目地写着"于错觉，这是最牛的一本"，其实就是告诉读者：想研究错觉吗？看这本，没错的！

再比如我出版的另一本书《七天学会思维导图》的封面上也有非常明显的一行字"导图不用画，思维是关键"，实际上也是标明这本书的观点：思维导图的核心不是画图，而是思维模式的训练。

除了这类文字外，很多书往往还会有一些名人的推荐语。一般情况下封面上会有×××隆重推荐、×××鼎力推荐等，而封底往往会有社会名流的推荐语，要么是明星，要么是公众人物，要么是行业权威。

这些推荐语都能提供这本书的核心线索，是可以让读者掌握作者BOI的线索。

同时，通过阅读这些名人推荐语来不断地催眠自己，我们也能深信这本书能给自己带来哪些收获，让自己对书的内容充满更多的期待。

第二步，看前言或序。

前言和序有什么好看的？

如果是出版方写的前言，内容一般是"为了××目的，我们特意编辑出版了这一本（一套）××书……"，这类前言可能对理解这本书的内容意义不大。

作者自己写的序，一般会包括以下内容：

一是作者写这本书的目的，希望通过这本书解决或者阐述哪些问题。

二是这本书产生的过程，基于哪些原因或者事件形成了这本书。

三是希望读者能以什么样的心态来阅读这本书。

四是如何阅读这本书，这一条是最关键的。好的作者会告诉读者，在读这本书的时候阅读的节奏如何控制，内容侧重应该是怎么样的，哪些内容可能涉及其他的知识，哪些内容属于题外话可以跳过不看等。

有些作者还会在序中明确指出不同的人群在阅读时侧重的内容应该不同。所以，序一定要花几分钟认真看一下。

其实这用不了多长时间，一般的序两三千字或者更短，读得再慢5分钟也能读完。当然也有很另类的，比如《荣格自传》这本书，前面的译者序好几万字，感觉就像是读了一本书。

第三步，看目录。

很多人看书从来不看目录，这是非常不对的。

目录是一本书的框架，通过看目录就能知道一本书的脉络。

我们在快速阅读的过程中，不仅要看目录，还要认真地看、仔细地看、科学地看。

何为科学地看？

看目录要从大到小看，不能按印刷排版的顺序从上向下看，要按照结构化速读的思维从大到小看。先看最高级别的目录，再看第二个级别，逐级向小级别的目录延伸。

比如：目录分为上中下三篇，每篇分为3~5章，每章又分为3~5节。

那么，我们在看目录时，先看三篇的名字分别叫什么，如：

上篇：为什么要学快速记忆

中篇：快速记忆的六大技法

下篇：快速记忆的实际应用

然后看每篇分别讲了什么内容。

比如，上篇有3章、中篇有6章、下篇有4章，把这13章的题目分别看一下。如果还有小节的目录，在看完章的目录后再把节的目录也看一下。

这里有个核心的技术要点，就是在看目录的时候，要边看边在大脑中构建这个目录，而不是简单地眼睛扫一遍就万事大吉了。

我们的最终目的是通过阅读目录，在大脑中形成一个大概的目录框架，也就是形成这本书的BOI。如果感觉自己的大脑不够用，我们建议在阅读目录的时候，随手画一张简单的思维导图，来强化目录结构在自己大脑中的印象。

最终要达到的效果是：**闭上眼睛，能够说出这本书目录的大概**。

关于"三遍阅读法"的准备工作的三步走，整个过程时间控制在5~15分钟。熟练之后，可以缩短到2~3分钟。但这三步是必需的，对后面理解整本书的内容效果有很大的影响。

还记得这三步吗？

看封面和封底

看前言或序

看目录

如果三步已经完成，就可以开始正式的"三遍阅读"了。

第一遍阅读：影像速读

第一遍阅读是影像速读。

其实不是完全的影像速读，而是借鉴了影像速读的一些理念，用最快的速度把一本书先浏览一遍。

那这个最快的速度多快合适呢？

我们推荐使用的速度是"每页阅读时间2~3秒"，没错，就是这速度。

大家还记得标准的影像速读的速度是多少吗？每秒2页，匀速阅读。

这里我们所说的第一遍阅读只是借鉴影像速读的一些理念和方法，速度已经放慢了许多，控制在2~3秒阅读一页就可以。

2~3秒的时间能阅读什么呢？很多人肯定还是有这个疑问。尽管前面已经学习了影像速读的方法，也对潜意识阅读有了一些了解，但是真正实施起来还是对自己有很多的怀疑，并不能真正迈过内心的那道坎儿。

所以我们就放慢速度，而且在阅读时并不一定要匀速。

更关键的点是，我们**不采用软眼阅读法**。

我们就用平常阅读的方式，2~3秒的时间能阅读一页纸上的多少内容呢？

其实阅读不了多少，但是只要把下面的内容大概阅读一遍就可以了。

章节标题、段落标题、黑体字、加粗的字

加点的字、画线的字、特殊颜色的字、突出的字

插图和表格的题目、示意图的名称

利用2~3秒时间阅读上面的内容足够了。因为每页纸上没有多少上述的内容，一般四五处就够多的了。有些页面上可能只有一两处上述内容。

还有个问题：如果整页都没有上述内容，只是一段一段长篇的文字，没有重点，这时候该如何阅读？

这时候我们就要完全相信潜意识。

具体方法是：用2~3秒的时间在页面的上下左右快速地扫描几眼，潜意识能抓住什么字符算什么。不要刻意去阅读哪些句子或者段落，要完全相信自己的潜意识在目光从字符上扫过时抓住的东西。

可能刚开始时很多朋友觉得什么也没看到，没关系，就先用这种方法把整本书浏览一遍。这时候我们会对这本书的大概内容有一个浅显的感性的认识，这就已经足够了。

第一遍影像速读的目的就是对整本书的整体框架有个印象，对内容中可能出现过的核心内容有个大概了解。这些模糊的、不成形的印象在大脑中留下的信息会对我们后面几遍的阅读起到很好的辅助作用。

当然这个辅助作用是隐性的，无法直接体会到。如果大家真的想证明这样到底有没有用，方法也很简单。

找两本同等难度的书，然后分别用两种方法阅读。

第一本在正式阅读前先用上述方法进行一遍影像速读，第二本直接开始全文正式阅读。全文正式阅读的时候，要保证两本书的阅读速度基本保持一致。等两本书都阅读完了，自己比较一下对两本书的理解程度有没有区别。

当然，这里有个前提，在全文阅读的时候，速度都不能太慢，如果以每分钟300~500字的速度进行全文阅读的话，那可能阅读完之后两本书的理解效果差别不大。但是如果我们都用每分钟3000字，至少是每分钟2000字的速度去读，那阅读完成后，可能理解的程度就会有明显的区别了。

我们按一本书300页计算，那进行第一遍影像速读的时间是

600~900秒，也就是10~15分钟。

不要小看这10~15分钟。如果是难度非常低，而且是自己熟悉的领域的书籍，可能只需要用这10~15分钟翻一遍就可以，根本不需要再花更多的时间去做后面的两遍阅读。

比如我自己也出版了十几本有关快速记忆方面的书，当然在写这些书之前的几年时间，我也翻阅了很多其他前辈和老师的类似的书，对整个快速记忆的知识体系有了一个系统全面的了解。尽管每个人写的书的风格不同，内容上略有差别，但是整个的知识框架是大同小异的。所以这几年我再拿到其他老师最新出版的有关快速记忆方面的书，也就花个三五分钟的时间翻看一下目录、写作的风格、知识框架的设计等，甚至连影像速读这个步骤都省略了，因为我对这些内容太熟悉了。

所以，10~15分钟的影像速读的作用还是非常大的，有了这十几分钟，后面的阅读效率就会变得更高，阅读的收获就会更大。

在完成第一遍影像速读后，不要急于去做第二遍阅读。我们需要稍稍休息。

为什么要这样做？

因为在5~10分钟的影像速读过程中，大脑在不断地接受一些零散的看上去没有关联的而且无趣的内容。这个过程不像正常阅读一样可以享受阅读的过程，而是强制性地给大脑硬塞一堆看上去乱七八糟的东西，所以这时候大脑是非常累的，或者说潜意识是很累的。前文我们曾经讲过，潜意识遵循快乐原则，所以我们必须满足潜意识的快乐需求。

怎么满足呢？

我个人有以下建议。

拿1~2分钟时间站起来，打开窗户，看看窗外的风景，呼吸一下窗外的空气。或者去倒杯水，上个卫生间，伸个懒腰，做几分钟运动，也可以逗逗你家的狗啊猫啊，喂喂你家的鱼啊鸟啊……

只要让你的注意力暂时从这本书离开1~2分钟就可以。

然后回到这本书上来，继续下面的工作。

回来后，不急于开始第二遍阅读，还有件很重要的事情要做，就是重新翻看这本书的目录，复习大脑中的思维导图。

这次看目录的时候，我们一边看一边回忆。

每看到一个标题，就回忆在刚才的影像速读的过程中，是否在正文中看到过这一章节的内容，大概描述了些什么内容。这个可能比较难，没关系。我们在看目录的时候，如果还记得正文中曾经有过这么一个章节，大概在哪个页面的哪个位置看到过，这就够了。具体的细节留给下一个过程来解决。

第二遍阅读：眼动速读

第二遍阅读是眼动速读，就是正式的全文阅读。我们按照前面眼动速读那一章的内容中所说的速读方法，开始逐页地阅读。

前面的章节中已经提及，在这里再提醒几个注意事项。

一是在阅读的过程中，要尽可能保持消声的状态，并**"永远用略超过你理解能力的速度去读"**。因为只有这样，阅读的速度才会越来越快，读书的效率才会越来越高。

人都有懒惰的本性，都会贪恋于一种舒适的状态。当我们用超过自己理解能力的速度去阅读时，大脑难免会觉得累，会有种不舒适感。但如果能坚持这种状态，我们的阅读速度会在这种被迫提高的状态下不断提升。

二是遵循潜意识快乐原则。在阅读过程中如果遇到自己特别感兴趣的章节内容，可以适当放慢速度，慢慢地细品这一段内容。这种做法实际上就是一种奖励，来满足自己潜意识的需求。

当然这样的内容不要太多，否则会对整体的阅读速度造成很大的影响，以至于会因为贪恋这种状态而难以再高速地阅读。

三是对于阅读过程时出现的不理解或者完全看不进去、没有感觉的章节，可以适当跳过。我再次强调要"适当"，建议跳过的比例不超过20%，否则可能影响对整体内容的理解。

而且这些内容也是只临时性跳过，在整本书阅读完毕后，还要重新翻到这些跳过的章节来补课。

只要注意了以上三点，一般情况下阅读一本书的速度会在1~3小时（根据不同人的阅读量不同而不同）。但不管你是1小时读完还是3小时读完，都没关系。不要太看重阅读的量化速度，大家不妨关注一下自己速度的提高情况。

之前你阅读一本书大约需要多久，采用这种方法后，阅读速度较之前提高了多少？

一般情况下，每读一本十几万字的书，阅读速度提高30%是非常轻松的事。当然这也有个度，当你的速度已经提高到每分钟5000字以上的时候，再想提高30%就比较难了。但是如果你之前的阅读速度是每分钟500字，那采用这种方法提高到每分钟3000字是很容易的。

但容易不等于轻松，仍然需要大家进行一段时间的训练。

说简单点，读书越多，速度自然就越快。

在完成了一本书的通读后，同样不要急于开始第三遍阅读，因为我们需要再去做一点无关紧要的事。

什么事？

拿1~2分钟时间站起来，打开窗户，看看窗外的风景，呼吸一下窗外的空气。或者去倒杯水，上个卫生间，伸个懒腰，做几分钟运动。也或者是逗逗你家的狗啊猫啊，喂喂你家的鱼啊鸟啊……

只要让你的注意力暂时从这本书离开1~2分钟就可以。

然后回到这本书上来，继续下面的工作。

回来后，也不急于开始第三遍阅读，还有个很重要的事情要做，就是重新翻看这本书的目录，复习大脑中的思维导图。

这段文字似乎很熟悉。没错，这和前面的文字一字不差。但是这时候我们再次翻看思维导图（目录）的时候，感觉就完全不一样了。因为我们已经通读了整本书，再看思维导图，每个章节在我们大脑中的印象已经非常清晰。

这时候需要注意的是，在翻看思维导图（目录）的时候，如果感觉某个章节在大脑中完全没有印象，完全不记得书中有这一章节的内容，这时候就专门翻到那个章节看一下，确保每个章节在大脑中都有清晰的轮廓。

当然这一步的工作也可以在1~2分钟的放松之前来做。我个

人的习惯是放松之后，因为可以检验1~2分钟的干扰之后，大脑
对整本书内容的理解和记忆能够达到什么程度。

做完这一步，就可以开始第三遍阅读了。

第三遍阅读：思维导图阅读

第三遍，思维导图阅读，和前面讲的结构化速读是比较相似的，但又不完全一样。

我们已经读完两遍，再读就是第三遍了。第三遍意味着什么？所有的内容基本已经在大脑中有了一个轮廓，这时候再进行结构化速读，效率就非常高了。

所以，这一遍阅读，我们也称之为**"左手翻书、右手画图"**法。

为什么非要左手翻书、右手画图？因为大部分人习惯用右手握笔。若你惯用左手写字，就可以右手翻书，左手画图。为什么非要左右手分开做？目的是提高这一遍阅读的效果。

具体的操作方法如下：

准备好纸和笔，在桌面上偏右侧（左侧）放好。

先在纸上画出思维导图的中心标题和配图，这看个人的习惯。有些人习惯只写个题目，后期统一美化。有些人习惯边美化边增加新的分支和内容。

然后将书平放于桌面左侧不妨碍书写的位置，并用左手开始翻书。

这时候大家一定要注意了，虽然这本书是有目录的，但是在这一遍阅读的时候不要看目录，我们需要根据自己的理解，归纳和总结出这本书的框架结构（目录）。当然，在很多情况下我们自己总结出来的目录和作者的目录是一样的，这没关系，结果有多高的重复率都没关系，但是这个过程很重要。

重要的事情说三遍：

这个过程很重要！

这个过程很重要！

这个过程很重要！

为什么这么讲？这个在思维导图的相关课程中有详细的介绍（大家可以参考我的另一本书《思维导图：快速提升学习力的75个基本》）。我们的目的不是最后形成的那张图，而是要自己翻书逐步形成这张图的过程。

实际上，我们通过画思维导图这个过程，把整本书又从头到尾重新快速地读了一遍。当然，这一遍阅读有点像前面的第一遍的影像速读，但又不完全一样。

因为第一遍的影像速读是在我们没有通读的情况下进行的，

完全靠潜意识的指引来完成的，读完后有种"懵"的感觉。

而这一遍因为有了前面通读的过程，大脑中对此书已经有了整体的理解，其实就是一个快速复习的过程。

我们通过画思维导图这种方式，把整本书的结构和知识框架再一次进行梳理，将作者的东西慢慢变成自己的东西。

当你的左手从第一页翻到最后一页的时候，这本书的思维导图也就形成了。

至此，三遍阅读终于圆满地、全面地、胜利地完成了。

三遍阅读法的好处

相比其他的快速阅读方法，三遍阅读法是一种相对比较自由的快速阅读方式。

对于不同类型的书，我们可以采用不同的阅读模式。

对于故事类的文学作品，我们侧重于第二遍的眼动速读。

因为文学作品相对来说很难提取出一个清晰的知识框架，最多就是有一条故事主线。这和作者的创作过程是有很大关系的，有很多作者在创作文学作品的时候，就是完全跟着感觉走，想到哪里就写到哪里。所以这类作品，我们可以把更多时间花在第二遍的眼动速读上，甚至可省略掉第一遍和第三遍。除非你想把这作品拿来研究。

对于知识理念类书籍，应侧重于第一遍和第三遍。因为知识理念类的书更多的还是要传达给读者一些理念、概念、观点等，所以，其中的具体情节、说明、举例等相对来说就不是特别重要了，只是用来帮助我们理解作者的观点。第三遍的结构化速读就显得尤为重要了。当全文阅读后，一定要通过思维导图的形式把作者的观点变成自己的观点，这也是我们一再强调一定要再画一遍思维导图的原因。

当一本书的思维导图画完的时候，这本书的使命已经完成了。

如果你不喜欢收藏，就该送人送人，该糊墙糊墙，该垫桌子腿儿就垫桌子腿儿。当然这只是玩笑话，我们所要达到的效果，就是只拿着自己画的思维导图，可以给没看过这本书的朋友详细地讲解这本书的内容了。

这种状态有一个特别高大上的词语来形容，叫：高谈阔论。

第七章
阅读改变人生

CHAPTER 7

学习提升技能

阅读改变人生

每个人都需要阅读

关于阅读的好处太多了，我随便找几句大家熟悉的和不熟悉的名言出来。

读书破万卷，下笔如有神。——杜甫

发奋识遍天下字，立志读尽人间书。——苏轼

立身以立学为先，立学以读书为本。——欧阳修

外物之味，久则可厌，读书之味，愈久愈深。——程颐

书到用时方恨少，事非经过不知难。——《增广贤文》

书卷多情似故人，晨昏忧乐每相亲。——于谦

养心莫若寡欲，至乐无如读书。——郑成功

劝君莫将油炒菜，留与儿孙夜读书。——《增广贤文》

理想的书籍是智慧的钥匙。——列夫·托尔斯泰

两个人如果读过同一本书，他们之间就有了一条纽带。——爱默生

……

对我来说，读书的好处可以归纳为一句话，就是：**阅读改变人生。**

为什么我用"改变"这个词？就是通过阅读，不仅可以改变你的见识、能力，还可以改变你的人生观和世界观，以至于你的整个人生境界也会随之改变。

当然，"改变"一词是个中性词。读了积极的、传递正能量的书，人生就会变得积极而有意义。如果不小心读了不该读的书，你的人生也可能会改变，只是向不该去的方向改变了。这让我想起《弟子规》里的一句话：

非圣书　屏勿视　蔽聪明　坏心志

关于快速阅读的方法和技巧的内容，我们已经介绍完了。但我觉得可能很多读者心中还有一个疑问：当我真的读得这么快时，我能理解多少？我能记住多少？

阅读量与大脑吸收的关系

虽然在前文我们已经通过很多方法向大家证明了，当阅读速度在一定范围内提高时，是基本不影响大脑的理解能力的。我这里说的"基本不影响"可不是完全不影响，多少还是有些影响的。

就像在"眼动速读"一章中我们说过，提高阅读速度，让自己的理解能力保持在80%左右是最佳状态。

这时候肯定很多的读者会问：那剩下的20%怎么办？

我也不知道怎么办！不过我想问的是：你之前认真读真的就做到100%理解了吗？

但无论怎么说，认真读总是要比快速阅读掌握得更深刻。所以，这里也再一次和大家来重申一个概念：**不是所有的书适合快速阅读！**

能用快速阅读的书仅限于一些白话的知识类（非专业）、理念类的书，对于专业的知识书还是精读为好。当然，数学、物理、古汉语（如《道德经》《孙子兵法》）、推理、工具类书籍是不适合快速阅读的。

有些书能看懂已经很好了，就别奢求什么快速阅读了。

那些适合快速阅读的书，无非告诉我们一些通俗易懂的做人、做事的道理、原则、方法、理念、习惯、建议、人生感悟、生活学习技巧等。

对于这类书，大家可以来反思一下：理解80%和理解100%真的有很大的区别吗？

我们再换一个角度。

比如一本关于时间管理方面的书。

我们精读一本和快速阅读一本有没有区别？

有！

区别大吗？

如果仅仅对一本书来说，区别还是很大的。

但是如果我们俩都看了不同作者、不同类型的10本有关时间管理的书，你用一年时间看完，我用一周时间看完，那这时候我们两人在大脑中对"时间管理"这个概念的认知还有区别吗？有！大吗？不大了。

唯一有区别的就是，你可能会记住×××在哪本书里讲过哪个观点，×××在讲述哪个观点时讲过哪个例子；而我只记住了有关时间管理方面的一些理念和观点，至于这些理念和观点是谁说的、在哪说的、为什么要说等，我没有太多印象。

这就是区别！

可能还有读者会问：那还是精读好啊，精读可以记得更准确啊！

是的，我真没法反驳你这个观点。但是请大家想想我们阅读这本书的初衷是什么？

你是打算成为这方面的专家、学者、研究员，还是只想通过这本书来指导自己的生活、学习，便于更好地做人、做事？

如果你想成为前者，那就去精读，不要指望快速阅读能让你吃透一本书。如果仅仅是出于后者，就没有必要花几倍甚至几十倍的时间浪费在一本也许真的无关紧要的书上。

用同样的时间来读更多的书，才是"阅读"这件事本身的意义。

如果用更多的时间来读同一本书，那真的已经不是"阅读"这个范畴了，我们把这种状态叫"研究"。

比如有人用一辈子来读《红楼梦》，有人用一辈子来读《孙子兵法》等。

可能有些朋友会拿下面的名人名言来反驳我的观点。比如：

书读百遍，其意自见！

翻书百册，不如精读一本。

一本书不读上三遍，不可能吸引它的精华。

……

这些观点有错吗？没错。

但这些观点中所说的书，不是我们这本书所说的"快速阅读"指向的书，而是经过多年的沉淀被世人公认的经典之作。而在这个知识爆炸的时代，每年都有几十万部的新书上市，很多的新知识、新观点、新理念也层出不穷。

谁能保证每个作者、每本书上所提出的所有观点都是正确的？没有人敢保证。就连我自己这本书的观点我都不敢说10年以后还能得到大家的认可，就连我这句话本身也可能就是一个悖论。

因为是是非非只有经过长时间的验证才能知道谁对谁错。每个时代都有属于自己时代特征的观点、想法、做法。

快速阅读就是用来读那些没有必要花太多时间去研究和学习的书，所以别担心理解不到100%时你会损失什么。

即使理解只能达到60%也已经足够了！

阅读量与遗忘规律的关系

这也是目前大家对快速阅读存疑最多的一个问题：

读那么快能记住吗？

我先不回答这个问题，我先回击一个问题：

为什么一定要记住？

其实这里涉及一个很有意思的观点：

怎么算是记住？

如果阅读一本书是为了应对考试，那快速阅读可能就没有用武之处了。考试的"记住"应该是级别非常高的记住了。最高级别的"记住"是一字不错，次之是概念相同、个别用词可以略有区别，再次之……

那我们来一起思考一个问题：我们快速阅读希望达到一个什么样的"记住"的层次？

我个人的观点就是：理解作者表达的观点，要么接受，要么反对，要么中立。

也就是说，一本书读完了，作者说的观点你认同吗？比如关于如何治疗拖延症的书，你读完后认同作者的观点吗？你认为哪些方法是有效的，或者对你是有用的？或者哪些方法你从来没有试过，也不知道有没有效果，但可以去尝试一下？

当然，并不是说所有的书都不需要记忆，有好多人喜欢在读书的时候记笔记，把自己认为重点的内容划出来或者抄下来。这是一种好习惯，但对快速阅读来说，可能就不是一种好习惯了。这种习惯会制约阅读的速度。何况，你画出来、抄下来了，是不是觉得自己真的就记住了，或者说以后还会再来翻看复习？

我敢说，几乎不可能！

除了为了应对考试或者有特殊学习的需要，否则一般情况下我们读一本书，能在大脑中留下的按字数算5%都不到，按理解的内容能进我们脑子算，有20%就已经很好了。

这说明什么？一本书中，真正精华的内容也就20%。

那另外的80%有什么用处？你可以理解为帮助理解、加深记忆，你也可以理解为是为了增加可读性。

这都不重要，只要你能把核心内容理解了，那你在书上所花的时间和钱就已经非常值得了。

如果你能接受这个观点，那我们接着来思考刚才的问题：

一本书阅读完后能记住多少？

我们先看传统的阅读模式：

假定认真地、逐字逐句地阅读完一本书，你记住的内容是100%（这个假定几乎是完全不存在的，但是这样假定更有说服力），那按照大脑的遗忘规律，我们来一点点分析。一周后我们能够记住的大约还有30%，一个月后大约还能记住10%，一年后大约还能记住7%，3年后或者10年后，如果还能记住3%就不错了。

实际上这3%也已经不是作者的原话了，已经是经过自己的大脑理解并重组后的内容了。也就是说，10年后当你重新看到这本书的时候，你的感觉是：这本书我看过，讲的是什么事或者什么观点。

也就这么几句话了，仅此而已。

可能有人会反驳我：不对啊，我10年前看的某某书我现在还记得很清楚呢!

是的，我承认有这种可能。但你能在10年后还记得很清楚和你用什么方法阅读关系不大，而和这10年来你是不是又反复地阅读过这本书，或者又阅读了与此非常相似或者相关联的其他同类型书有很大关系。

比如我10年前看过一本《性格分析学》，到现在对书中的很多内容记忆非常深刻，但实际上我大脑中记忆的内容真的是《性格分析学》这本书中所讲的内容吗？非也! 我大脑中记住的是

"性格分析学"这门知识的内容，因为这10年中我又分别看了有关性格色彩、九型人格、子人格、气质类型解析、数字密码等大量相关内容的书。

所以，当10年后拿到一本叫《性格解析》的书时，我发现作者的名字似乎很熟悉，仔细一翻看才知道，这不就是我10年前读的那本《性格分析学》吗？！快速翻了一遍，大部分内容记忆犹新，但这完全是错觉。

真相是我已经通晓了"性格分析"这门知识，所以看什么书都觉得很熟悉。

但同样是10年前阅读的当年很火的一本书《世界上最伟大的推销员》（作者是奥格·曼狄诺），我现在再去回忆，除了记得里面好像有个很励志的主人公通过各种仪式性或者技巧性的方法去实现自己的销售大师梦，其他的内容完全不记得了。

其实当年读这两本书的时间都在那几个月内，阅读速度也差不多，但十几年后的结果却相差巨大。对于没有"复习"的书，真的如我上面所说：能记住3%就已经非常好，事实上可能不到1%。

反过来，我们再来看快速阅读。

快速阅读完一本书，就算理解效果很差，只理解了60%或者40%，那一周后、一年后、10年后，我们还能记住多少内容呢？

　　大家有没有过这样的体验：10年前曾经在别人家或者书店随手翻过一些书，整本书的阅读时间可能只有十几分钟或者5分钟不到，但是现在让你回忆一下那本书是什么内容，你是不是也能说出"这是一本关于什么什么的书"？

　　也就是说，就算我们快速阅读的理解效果不如传统阅读模式，就算我们快速阅读可能会错过或者不能深入地理解作者所表达的意思，但是从更长远的时间来看，能够留在我们大脑中的内容并没有太多本质的区别。

　　说到这里，我们来算一笔账。

　　我们假定一本书中对我们来说有意义的点有100个，我们暂且命名为100个有益知识点值，简称点值。

　　也就是说，如果我逐字逐句地阅读完一本书后，大脑可以收获100个点值。如果按传统的阅读模式，我们每个月读一本书，每年读12本，10年可以读120本书。

　　按照上面的假设，10年后大脑能够保留的点值是：

$$120 \times 100 \times 3\% = 360点$$

　　再假定用快速阅读的模式：2小时读一本书。

　　同样一个月，每年可以读150本，10年可以读1500本。

　　我们按最低值10年后只能记住1%来估算，10年后大脑能够保留的点值是：

$$1500 \times 100 \times 1\% = 1500点$$

快速阅读的收获是传统阅读的4~5倍。

但实际上呢？如果都按10年后只能记住1%来折算，就是几十倍，甚至更多。

再重申一个观点，不要拿专业知识的学习来和我辩论，我们说的不是一个事。千万不要指望通过快速阅读学会高等数学或者量子物理，学会初等数学也没有可能。

大家可以想象一下，如果你已经读了1500本各门各派、各行各业、各种各样的书，你的人生会是什么样的？

人生的第一个1000本

为什么非要提1000本这个概念？这就像是十几年前总有人喜欢说"那时候我挖到了我人生的第一桶金"。一桶金是多少？很多人默认的值大概是100万元人民币。这100万对很多普通人来说，就是一个无法逾越的界限，很多时候不是通过努力就能达到的，似乎有种不敢想哪天能实现的感觉。当然现在不一样了。

同样地，1000本书对一个普通人来说，就是一件遥不可及的事情。如果说读100本书，可能感觉咬牙读上几年还能实现，但1000本似乎完全是一种奢求，像是根本不可能实现的事情。1000本，按每本书15万字算，就是1.5亿字。

但是当你学会快速阅读的方法之后，再来理性地分析一下，这件事情真的不难。

普通人如果能坚持的话，5~10年的时间完全可以做到，前提是：你要读得快。每本书的阅读时间控制在1~2小时，每周拿出3~5小时来阅读，这样每年100~150本的目标是完全可以实现的。

好吧，让我们一起来想象一下，当你读完1000本各行各业的书之后的美好感觉吧。

你到图书馆、书店或者朋友家的书架上，随便拿一本书下来（文学作品、专业知识除外），只需要花两分钟看一下书的内容简介和目录，其他的内容基本不用再看了。你就可以给你的朋友"信口胡来"地讲上一小时，似乎这本书你已经熟读百遍。

为什么？因为知识是相通的，写来写去，同类知识就那么多，无非换个概念、变个说法、转个风格，或者高深一点就把几种不同的知识进行重组，提出一种新概念，实际还是"1+1"的关系。当你脑子里已经有了1000个"1"的时候，就可以任意组合出各种各样的知识了。

就算不是为了在朋友面前显得特别有知识、有文化的样子，当有一天你从书店、图书馆或者别人的书架上随意抽本书下来都觉得"这本书我好像看过"的时候，那种感觉难道不是人生一种巅峰体验吗？

当然也有特例，就是一些新兴领域的书。比如20年前你看互联网的书，对于这类新兴领域的书，可能没有能力去速读，感觉会有些陌生。但是没有关系，只要我们花一点时间认真读一本，最多三五本，又可以对这一领域的大部分书随手翻过了。

比如"大数据"，刚出现时不知道这个词是什么意思。没关系，花点时间看上几本系统介绍大数据的书（我们只需要看一些介绍类的，而没有必要看纯粹技术类的，除非你要成为这个行业的专家），基本上对"大数据"是什么已经有了一个非常系统的认识。再去看其他人写的有关大数据的书时，那种"似曾相识"的感觉就回来了。

真的，那种感觉太美妙了！

所以，赶紧去读你人生的第一个1000本。

哪怕用10年，哪怕用20年，不用担心每年都会有新的事物出现，先读经久不衰的书。关于心理学、社会学、管理学、经济学、教育学等诸多方面的书，能看的全看一遍。没有必要看得多细、多认真，拓展自己的知识视野才是关键。

世界上的知识都是相通的，当你读到一定程度的时候，你会发现其实各个学科之间的知识也是相通的。

有道是：法无定法，万法归宗！

1000本不是梦

大家千万不要被"1000本"吓着了，似乎这是一辈子也不可能完成的事情，就算自己学会了快速阅读，阅读完1000本书也需要一个相当长的时间。

事实并不是这样的。我们只需每周拿出2~3小时来阅读。

> 第一年能坚持读完50本书
>
> 第二年就可以轻松读完100本书
>
> 第三年就可以轻松读完200本书
>
> 第四年就可以轻松读完500本书
>
> 第五年读完1000本是完全可以做到的

5年时间我们能读多少本书呢？已经远远超过1000本了。

前提是每周拿出2~3小时的有效阅读时间。

什么是有效阅读时间？

就是这2~3小时可以不被打扰地、全身心投入地阅读。这个不被打扰不仅是被动的打扰，还包括主动的打扰。

阅读的时候，建议把手机放到另一个房间，远离电脑、电视，找一个安静的环境，认真地阅读。因为如果不这样做，就算没有人来敲门，没有电话铃声来干扰，仍然有很多人边刷手机边看书、边看电视边看书。这样的阅读效率是很低的，同样3小时的阅读时间，可能阅读的效率只有1/3甚至更低。

如果你真的做到了每周有3小时的有效阅读，那么5年1000本，这事我觉得行。

一旦有了1000本的阅读量，那接下来的5年会发生什么呢？

你就可以以每年1000本的阅读量来"吃"书了。

甚至如果条件允许的话，再过5年再读个10000本都是极有可能。

古人有云：**读万卷书，行万里路。**

现在人行万里路已经是非常容易的事情了，但读万卷书似乎还有很多人难以企及。

但现在你已经掌握了这套世界上最先进的快速阅读的方法，也许完成"读万卷书"的目标也不过是10年的时间。

如果你愿意，你可以读得更快更多。

后 记

写这本书的一年，正是整个全脑行业动荡最厉害的一年。整个行业经过前几年的迅速扩张，一下子进入了寒冬，不管是侧重哪方面，都似乎在市场上找不到很好的立足点了。不管是潜能开发、记忆法、思维导图还是快速阅读，不管是面向学龄前的幼小教育，还是面向青少年的学习力培训，或是面向成人的能力提升，都已经不再是前几年狂热的场面了。从投资商到服务商，再到底层的培训机构，到最终客户——我们的学员和家长，都开始变得冷静而又谨慎。市场上的机构和课程看上去越来越多，新的东西却越来越少了。

我也是在这样的一种商业氛围下，反复研究、琢磨、尝试、探索，试图找到一种新的思路，才能在全脑培训行业中屹立不倒。但市场的残酷并没有放过我这种怀揣了梦想的人。我仍然被淹没在全脑培训行业的大潮中无法崭露头角，我依然还是个很不起眼的培训讲师，我依然还是个需要为温饱而苦苦坚持的普通人。

但毕竟自己在教育培训这个行业已经浸淫了26年，在全脑教育行业也耕耘了快10年，尽管不是行业的领头人，也没能为这个行业立个标杆、树个旗帜，我那份对教育培训行业的热情之火却仍然在熊熊燃烧。

所以，我还是坚持把这个行业里的一些技术的核心内容写出来，尽管还有很多人在靠这个技术收费，尽管还有很多同行对我免费公开这些技术表示极度不满，尽管原本就萧条的市场环境可能因为我的免费而再加一层冰霜。

但我知道，这些东西迟早是要免费的。

就算我不写，总有人会写出来。

至于这些内容能不能得到大家的认可，什么时候被认可，就交给时间来慢慢验证吧。

我能做的，就是尽我最大努力把书写得更真实。

最后感谢恩师林约韩老师以及记忆宫殿团队对我的培养，感谢妻子、女儿对我写书的支持和鼓励，感谢本书编辑郝珊珊女士对我的信任。

由于本人水平有限，书中难免有错误或不当之处，恳请诸位读者及前辈、专家批评指正。［我的微信（QQ同号）：297094257］

我会继续努力，写出更多的好作品，以谢天下。